Impressions d'une mère face à l'inacceptable

Maryse Segarra

Impressions d'une mère face à l'inacceptable

Publibook

Retrouvez notre catalogue sur le site des Éditions Publibook :

http://www.publibook.com

Éditions Publibook
14, rue des Volontaires
75015 PARIS – France
Tél. : +33 (0)1 53 69 65 55

IDDN.FR.010.0117463.000.R.P.2012.030.31500

Cet ouvrage a fait l'objet d'une première publication aux Éditions Publibook en 2012

À mes enfants chéris
À mes parents partis
À tous mes amis
Aux amis de mon fils
À tous ceux qui m'ont tendu un fil
Pour que mon fils reste en vie
À l'amour, à la vie !

Préface

Tous les noms de mes proches et bien sûr celui de mon fils François atteint d'une leucémie à l'âge de seize ans ont été changés pour préserver leur anonymat. Le nom des médecins aussi, ainsi que tout le personnel soignant.

Je dédie ce livre à mes chers parents, ma maman Henriette, son vrai prénom, qui nous a quittés le quatre mars 2005, à la suite d'un accident de la route. Je sais qu'elle m'a accompagnée dans cette épreuve, ce long marathon. Lorsque j'étais perdue, je pensais à elle, ne pouvant l'appeler, je me disais « que me dirais-tu de faire dans ce moment là ? » et elle m'aurait dit « courage, ma fille, bats-toi, ça va aller ». Elle aurait été présente physiquement à mes cotés. Elle n'a pas déserté mon cœur et m'a accompagné à chaque instant.

Mon papa Martin dit François, qui nous a quittés le 15 juin 2009, un exemple de courage durant toute sa vie, il a fait parti de cette génération qui a du se battre pour que la France reste libre. Il m'a soutenu tout le long du combat que j'ai mené avec mon fils, il est parti avec dignité, valeur qui m'a beaucoup guidé.

J'ai écrit ce livre sous forme de témoignage, en espérant qu'il puisse aider patients, les proches de tous ces enfants malade, et le personnel soignant.

C'est un écrit qui se veut être positif, j'ai écrit chaque chapitre avec un certain recul, afin que l'émotionnel ne prenne pas le dessus

Chapitre 1.
23 octobre, le jour le plus long de ma vie

Il est 6h30 du matin, mon fils François est enfermé dans la salle de bain depuis trop de temps, je frappe à la porte, pas de réponse. J'appelle mon fils aîné julien pour qu'il ouvre cette porte, pendant ce temps j'appelle les pompiers. Julien arrive rapidement à sortir François de la salle de bain, il gît par terre, à moitié inconscient. Il s'est dévêtu car il a saigné du nez, il n'a pas eu la force ni d'appeler ni de se revêtir. Nous sortons notre petit François âgé de même pas 16ans, mais si léger, nous l'allongeons sur mon lit. Il pleure, nous aussi, nous ne comprenons rien.

Le 1er septembre, un verdict est tombé : anorexie car François pèse : 42 kg pour 1m 68. Il ne s'alimente pas beaucoup et nous semble un peu bizarre. Il n'y croit pas vraiment à ce diagnostic, je demande un bilan sanguin, qui semble correct au médecin nutritionniste et qui la conforte dans son diagnostic d'anorexie. François refuse également ce diagnostic, mais que faire contre une formule sanguine qui semble normale et tout ce monde qui s'entête à dire que mon fils est anorexique…

Lorsque les pompiers arrivent vers sept heures du matin, informés par ce diagnostic, ils pensent que François à pu faire une tentative de suicide, ils nous demandent donc de fouiller les poubelles, rien… On voit des gros bleus sur ses jambes, s'est-il infligé des coups ? les a-t-il reçu de la part de jeunes mal intentionnés ? Il pleure, il fait non de la tête a toutes ces questions.

Finalement il est transporté aux urgences de l'hôpital de Pontoise. De nouveau les mêmes questions : François, astu pris des médicaments ? Beaucoup ? Lesquels ? François pleure, ne peut répondre, fait non de la tête. Le médecin senior des urgences arrive, examine mon fils, je crois qu'il a compris, François vient de perdre complètement connaissance. Le médecin ordonne un scanner du cerveau, tout en parlant d'une possible maladie du sang.

L'étape contre la montre commence, je cours derrière le brancard, j'attends à la porte du scanner, le médecin en ressort rapidement, m'amène dans son bureau et le verdict tombe : « votre fils à une leucémie très grave, il est dans le coma, son cerveau baigne dans le sang, il a très peu de chance de s'en sortir » ! Je suis assise, sans voix, ce n'est pas possible. On ne peut concevoir l'inconcevable.

On redescend mon fils, des tuyaux partout, déjà transfusé en plaquettes. On attend le SMUR qui va le conduire en réanimation à l'hôpital Necker. Je voudrais rentrer dans le SMUR, impossible, je n'ai aucune certitude qu'il sera encore vivant à l'arrivée. On me tend un téléphone, pour prévenir mes proches, impossible de composer les numéros, un infirmier m'aide. Mon fils aîné est déjà là, le papa de François, Victor, est là aussi. Ma fille Camille nous rejoindra à paris. Je suis en ligne avec ma sœur Marie, elle me soutient comme elle peut, tellement effondrée à son tour.

La route entre Pontoise et Necker me semble interminable, nous arrivons enfin. Nous sommes ensuite reçus par le médecin Dr Ducoeur et le Pr. Bernard qui nous expliquent que le cas de François est désespéré : il est dans le coma. Ils sont en relation avec l'hôpital saint Louis, ils vont commencer les traitements de chimiothérapie et de corticothérapie, surtout axés vers le cerveau qui est très atteint. Des neurochirurgiens de Necker sont là, François n'est pas opérable.

Je retiens une phrase du Pr. Bernard : « parfois la médecine se trompe vous savez… »

Chapitre 2.
Séjour en réa de Necker

Trois jours durant, je ne quitte pas le chevet de mon fils, ma main dans la sienne. Par deux fois on nous dit qu'il va sûrement partir de mort cérébrale, car le cerveau grossit et il faut que la cortisone et autres traitements freinent cet œdème car la boîte crânienne n'est pas extensible. Par deux fois, le miracle se produit ; le cerveau qui commençait à s'épancher dans la moelle épinière désenfle et le cap est passé.

Tous les soirs nous avons un breifing dans le salon des médecins, fait en général par le Dr Ducoeur, il est très doux, très calme. Moi aussi, je pose mes mains sur mes genoux, et j'écoute consciencieusement. Je conserve toujours l'espoir tout en restant lucide. Avec Victor, le papa, nous demandons qu'il n'y ait pas d'acharnement thérapeutique en cas de souffrance trop grande du cerveau. Nous pensons à notre fils, nous ne voulons pas qu'il vive à n'importe quel prix. Nous nous soutenons, le pasteur est présent tous les jours. On prie, on envisage même les obsèques de François tant son décès a l'air imminent.

Une nuit ce n'est pas le Dr Ducoeur, indisponible, qui nous fait le briefing mais une médecin interne de garde. Aucune psychologie, agacée par nos questions, à moment donné elle nous dit : « vous ne comprenez pas que votre fils va mourir » ! Inadmissible. Le papa part effondré vers la sortie, moi je retourne au chevet de mon fils qui me dit-on va mourir. Et là on me dit qu'il est toujours dans le coma car on entretient son coma, c'est médical ; le médecin interne arrive elle avait mal lu le dossier, n'avait pas toutes les informations. Je ne veux plus lui parler, et lui conseille d'aller retrouver le papa.

Le lendemain je me plains de cette attitude au Pr. Bernard, qui me donne raison. Ce médecin interne aura beaucoup de travail à faire sur le plan relationnel.

Au bout de cinq jours de coma, on autorise les six amis de François à lui rendre visite ; trois par trois ils mettent sa musique préférée. Il y a à la fois un mélange d'espérance de le voir se réveiller et comme un adieu dans les quelque mots qu'ils prononcent étouffés par des sanglots dans la gorge. Ils sont très courageux, très dignes.

La dignité, un mot clef ; j'ai essayé de ne jamais la perdre. Espérer, tout en restant lucide et digne.

A la fin de la cinquième journée ; alors que je scrute le visage de mon enfant ; ses yeux s'ouvrent, la médecin est présente, elle lui dit : « François, si tu m'entends, serre fort ma main » Et François tout en serrant sa main droite dans la main du médecin ; serre sa main gauche dans la mienne. L'émotion est indescriptible, j'ai l'impression de réaccoucher. François va-t-il revivre, mais comment ? Le papa arrive, nous guettons tous les signes de réveil, il remue ses doigts… Il pourra alors s'alimenter tout seul, rejouer de la guitare… Les orteils bougent ensuite, pourra t'il peut-être remarcher ? Mais son cerveau va-t-il fonctionner normalement ? Ce cerveau qui a tant souffert…

Je suis croyante, dans les prières que je faisais durant le coma de mon fils ; je demandais à dieu de me laisser mon fils vivant s'il pouvait avoir une vie acceptable.

Maintenant il est là, vivant. Je lui parle, je lui demande s'il me reconnaît, il me fait signe que oui. Des larmes coulent sur son visage. Mes premières paroles sont : « François, je te demande pardon de m'être trompée, de t'avoir embêté, tu n'es pas anorexique. Tu as une maladie que l'on connaît, elle est grave mais on va te soigner et tu vas t'en sortir » Et j'y crois. Je vois qu'il comprend. Il ne peut pas parler car il est toujours intubé, des tuyaux et des fils partout comme un prématuré. Il s'accroche à moi et à son papa. Nous ne ratons aucune séance de nursing, massage à l'huile pour lui éviter des escarres. Il est redevenu notre bébé. Il est heureux de voir ses deux parents séparés se comporter en parents responsables et qui ont l'intelligence de passer au-dessus des griefs d'adulte et de couple.

On reprend espoir. François est appelé « le miraculé du service ». Le Pr. Bernard me dit votre fils « est un miraculé » ; Je lui réponds : « c'est le miracle de l'amour ». Tous les cultes, les obédiences du monde entier ont formé des chaînes de fraternité autour de lui, et il est là en vie. Devant la machine à café, ce même professeur, un sourire aux lèvres me dit : « je vous l'avez bien dis que la médecine se trompait parfois... » Et je lui réponds : « je l'ai toujours su... » Un médecin formidable, comme le Dr Ducoeur et bien d'autres que l'on va rencontrer par la suite.

Malheureusement ils ne le sont pas tous. François a besoin qu'on lui pose un cathéter pour sa chimiothérapie, avant qu'il soit transféré à l'hôpital saint louis. Ceci est programmé à 16h30. Il va arriver à 16h35, et l'anesthésiste est parti sans prévenir. Inadmissible. Nous entamerons une action par la suite contre cet anesthésiste qui parait-il est de plus coutumier du fait. Les veines de mon fils ne supportent plus les traitements agressifs ; et il fait donc une thrombose. L'horreur, on vient de sauver la vie de François et ses jours sont de nouveau en danger à cause de l'attitude inadmissible de cet anesthésiste.

On se le rappellera longtemps. Car mon fils va devoir rester alité au moins un mois pour que le caillot localisé dans la veine fémorale ne se décroche pas, pouvant provoquer une embolie pulmonaire. Il s'en suivra trois mois de piqûres dans le ventre, les jambes donc des bleus partout...

Pour clore ce chapitre, je ne peux que remercier toute l'équipe du service de Réanimation de Necker qui a sauvé la vie de mon fils. Par la suite je vais les appeler régulièrement pour leur donner des nouvelles, leur envoyer une photo de François trinquant avec sa maman lors d'une fête un an après. Il faut encourager les équipes qui donnent sans compter. Leur témoigner notre reconnaissance. Ils y ont droit.

Chapitre 3.
L'hôpital saint Louis

Le vendredi 3 novembre, François est transféré à l'hôpital saint Louis par le SMUR. Nous suivons en voiture et nous sommes rapidement reçus son papa et moi par son médecin référent le docteur Lethiers.

Le diagnostic vital est sévère, François n'est pas condamné mais a peu de chances de survie. Le verdict tombe : leucémie LALT très hyperleucocytaire avec invasion cérébrale massive. Un cas tous les quinze ans ! C'est le premier cas pour cette équipe.

De suite j'exprime le souhait que mon fils ne soit pas un champ d'expérimentation. Son médecin me rassure, me rappelle qu'il n'est pas en soins palliatifs et que si l'équipe a commencé un protocole de chimiothérapie c'est qu'il y a des chances de survie, même si elles sont minces. Alors nous ne pouvons que nous incliner, nous les parents et nous engouffrer dans cette brèche d'espérance, en continuant à positiver et à être optimiste. Le médecin nous fait part qu'il va apprendre à notre fils le nom de la maladie dont il souffre, on lui fait confiance.

Nous attendons dans le couloir. Lorsque le médecin sort, je rentre dans la chambre de François, des larmes coulent sur son visage, il sait. Je lui dis que moi aussi je sais. Est-ce qu'il souhaite en parler ? Il me dit que non. Alors je le prends dans mes bras, il s'y blottit comme lorsqu'il était petit enfant. Au bout d'un moment, il me demande : « Maman, est-ce que je vais mourir » ? J'ai décidé d'être toujours sincère envers mon fils, alors je lui réponds : « François, regarde-moi bien dans les yeux, tu as une maladie grave, mais on sait la soigner, tu es entre les mains des meilleurs médecins et je suis persuadée que tu vas t'en sortir ». Je rajoute : je te promets que je te dirai toujours la vérité.

A partir de cet instant, je sais que nous allons faire front, que nous sommes une équipe gagnante. Je suis croyante, je me dis si Dieu ne l'a pas rappelé vers lui, alors c'est qu'il va lui donner la force de se battre et moi, la force de le soutenir dans ce combat !

Le cerveau de François a été endommagé, on dénombre six lésions, il n'a plus de mémoire immédiate. Il faut donc la nuit, lui attacher les mains car sinon il ne se souvient plus qu'il n'a pas droit de se lever et il tombe, ce qui peut être dangereux. Je ne veux pas qu'on l'attache au départ, mais le manque de sommeil a raison de moi. Cela va durer quelques temps.

François n'arrive pas à parler, l'intubation lui a abîmé les cordes vocales. Il ne sait plus écrire son nom, un long apprentissage va commencer. Mais d'abord, il faut lui redonner confiance, car il est déprimé, il pleure souvent.

Je ne peux quitter la chambre dans laquelle j'ai été admise avec lui ; une structure mère enfant. Très bien conçue du reste : vélo d'appartement, PC portable, poste de musique, frigo. Je décide de personnaliser cette chambre qui va devenir aussi la mienne jusqu'au 15 décembre. Alors photos de toute la famille et posters partout.

Tous les matins la même musique de salsa en attendant le petit déjeuner ; je dis à mon fils que lorsqu'il sortira, il saura danser car j'esquisse quelques pas de salsa devant lui. Je suis heureuse, mon fils est vivant. Une certaine ambiance est créée dans cette chambre ; même les infirmières et les aides-soignantes ont plaisir à y entrer. Je veux que mon fils finisse par ne plus pleurer et qu'il espère.

Les traitements sont lourds, douloureux, intrathécale à l'aide d'une aiguille pour envoyer : cortisone et chimiothérapie jusqu'au cerveau et ponction d'un peu de liquide pour compter le nombre de blastes (globules blancs, cancéreux). Chaque fois le nombre diminue, on nous l'annonce et nous sommes hilares le papa et moi et on saute de joie ! La guerre est ouverte, on les aura tous.

Ponctions de moelle osseuse avec une grosse aiguille dans l'os de la hanche, on fait respirer un gaz hilarant à François. Je reste présente, je lui dis que je suis l'assistante, je lui raconte des choses drôles, il me broie la main de douleur et il pleure à chaque fois. Je le trouve très digne et très courageux. Ensuite, il se réfugie dans mes bras, il se blottit comme lorsqu'il était bébé et je le berce en lui disant des choses tendres en lui parlant d'un avenir radieux.

Etre digne, positive, optimiste. J'ai décidé que je ne rentrerai pas à la maison sans mon fils. Mais au bout de trois semaines, je craque, le papa va prendre le relais le week-end ; je suis épuisée moralement et physiquement. Mon fils aîné Julien vient me chercher le vendredi soir et me ramène le dimanche soir.

Le premier week-end, après un mois non stop passé au chevet de mon fils, cela me fait tout drôle de me retrouver dehors, comme si je sortais d'une prison. Je suis étourdie. Je rentre dans cette maison, la première chose que je fais est d'aller dans la chambre de François ; je touche ses affaires, effleure sa guitare, me couche sur son lit et m'effondre.

Je me jure que je ramènerai mon fils dans cette chambre, il ne peut pas en être autrement, sinon cette maison me deviendrait insupportable. Je chasse les idées noires, François vivra et retrouvera toutes ses facultés.

A la veille des seize ans de François, première bonne nouvelle ! Il n'a plus de blastes visibles dans les analyses, on a gagné la première manche, on les a flingués ! François est en rémission ! Et on a l'autorisation de fêter son anniversaire, ce qui coïncide avec la fête de Noël à l'hôpital. Trois copains sont autorisés à venir, la star académie est au rendez-vous. Plus de vingt personnes dans sa chambre, alors qu'habituellement pas plus de deux personnes à la fois sont autorisées. On a mis des bulles dans le frigo, on fait la fête. Enfin un sourire sur le visage de mon fils, on fait des photos, il est couvert de cadeaux. Lamartine disait : « le temps suspend son vol », c'est tout à fait cela. Le bonheur retrouvé, d'autant plus qu'on nous annonce que dans une semaine François pourra très certainement regagner la maison !…

Bien sûr, il n'y croit pas, alors je commence à faire les bagages, décrocher les photos et je lui dis que moi j'ai l'intention de partir à la maison si on a l'autorisation. Ensuite, je lui demande si je lui prépare son sac ? Il finit par me dire oui ; je crois qu'il y a un mélange de crainte, de peur de faux espoirs, il est encore si faible. Il ne pèse que 42 kgs !

Merci à toute l'équipe de saint Louis d'avoir gagné avec nous cette deuxième manche de ce long marathon qui a commencé depuis le 23 octobre. Equipe remarquable, consciencieuse, à l'écoute malgré la surcharge de travail.

Chapitre 4.
15 décembre : retour à la maison

Mon mari brille par son absence, il a préféré partir, c'est son choix, je le respecte… Il vaut mieux être seul que de s'encombrer d'un boulet qui ne souhaite pas faire face avec nous aux difficultés. Il m'avait épousé pour le meilleur et non pour le pire. Sans commentaire, on ne s'étalera pas sur le sujet.

Se met en place alors l'hôpital à domicile appelé « Santé Service ». J'avoue que même si c'est un grand moment chargé en émotion, ce retour à la maison, je suis complètement déboussolée. Il faut dire que mon fils François est toujours sous alimentation parentérale (alimentation par perfusion), ce qui signifie un passage infirmier le soir à vingt heures et le matin à huit heures. Plus un passage pour l'injection de lovenox (pour prévenir une thrombose) et souvent de granocyte (pour booster la moelle osseuse, afin de sortir plus vite d'aplasie). Passage du laboratoire pour récupérer les tubes de sang prélevé par l'infirmière. Passage du médecin traitant, remarquable dans son soutient depuis le départ, on l'appellera docteur Fifi, car c'est comme cela que mon fils le nomme depuis tout petit. J'espère qu'il n'en prendra pas ombrage, je ne pense pas car il a beaucoup d'humour. Il est important que le médecin traitant (généraliste) s'investisse et aide les parents à superviser, qu'il coordonne tous les bilans de tous les spécialistes. A ce titre, un grand merci au docteur Fifi.

Passage de l'aide ménagère qui parfois se demande comment faire le ménage entre l'infirmière, le laboratoire, le médecin, le kinésithérapeute, l'orthophoniste etc. Et oui, car en plus mon fils a un suivi orthophoniste par rapport à sa perte de mémoire immédiate. Et un kinésithérapeute car la chimiothérapie fait parfois des dégâts, neuropathie axonale (inflammation des nerfs) due à la vincristine. Les muscles fléchisseurs en ont pris un coup. Mais Hubert veille au grain deux fois par semaine, il prend sur son temps pour venir à domicile, toujours souriant. Important le sourire sur le visage des intervenants, c'est un cadeau, une invitation à l'espérance d'une vie meilleure…

L'orthophoniste docteur Emmanuel, assidu, patient, persévérant, il croit en François qui est d'une volonté et d'un courage sans nom. Merci docteur Emmanuel, tous vos efforts et ceux de François ont porté leurs fruits.

Alors il faut organiser tous ces passages, tout noter pour François qui a peu de mémoire. Je me retrouve comme un chef d'orchestre, je supervise, contrôle tout, pour éviter les fausses notes. Je m'épuise certes et désespère parfois. Je suis ce rythme pendant six mois. Le papa prend le relais le week-end pour que je récupère, m'aérer un peu et refaire le plein d'énergie.

Il est important de garder un peu de temps pour soi, sinon ce serait l'épuisement total et donc plus d'énergie à déployer pour soutenir notre petit malade, dans son combat contre la leucémie.

Et il se bat notre petit François, chaque kilo gagné est une victoire. On ne peut que s'incliner devant autant de courage, de dignité. Oui j'ai puisé mon énergie dans le regard de mon fils. Il faut être très organisé aussi pour gagner du temps. On me félicite pour le classeur de François toujours bien tenu. Derrière chaque protocole, j'écris tous les incidents et il y en a eu… Ce qui permet à tous les médecins intervenants de s'y retrouver.

Bien sûr, j'ai eu parfois des remarques du style « restez donc à votre place de mère » ! c'est quoi la place d'une mère d'un adolescent atteint d'une grave leucémie, lequel se déplace avec peine, ne peut presque pas s'alimenter, n'a pas de mémoire immédiate, donc n'a plus de repères ?...

Je n'en veux pas aux médecins qui ont pu me faire cette remarque, ce n'est pas facile pour eux de gérer le malade et l'angoisse des parents et c'est encombrant et déstabilisant l'angoisse d'une mère. Nos questions peuvent être déroutantes car il n'y a pas forcément au bout une réponse rassurante ou une réponse tout court.

Je m'entends encore dire un jour au téléphone par un des médecins de François : si je vous appelle c'est parce que j'ai une question qui m'angoisse et vous n'avez pas le droit de ne pas me répondre, mais vous avez le droit de me dire : je ne sais pas. Le médecin se doit de trouver un moment, de prendre rendez-vous si nécessaire, s'il n'est pas disponible, mais il ne peut laisser un parent avec une question angoissante car cela aurait un effet néfaste sur le patient.

Au parent à son tour de faire preuve d'empathie à l'égard de tous ces médecins qui se battent sans relâche pour sauver la vie. Attendons un peu qu'ils aient le temps, quelques minutes suffisent. Et acceptons à notre tour qu'ils puissent nous dire, là tout de suite je ne sais pas, je n'ai pas la réponse, mais je prends note, je vous appelle quand j'en aurait une à vous donner.

Et remercions chaque fois que possible les médecins et tout le personnel soignant. Vous me direz, ils sont payés pour cela, mais pour eux aussi c'est dur d'évoluer dans ce milieu d'enfants et adolescents malades, dont le pronostic vital est incertain. Ils ont besoin de reconnaissance, comme un moteur pour continuer à faire mieux leur travail.

Chapitre 5.
Notre étoile

Noël 2006 *s'*est passé à la maison avec notre petit François, entouré de ma nièce Etoile, pourquoi ce surnom ? Parce qu'elle est depuis le départ notre étoile qui brille, qui a toujours refusé le verdict annoncé de voir partir son cousin adoré, c'est son coach, notre coach ! Elle brille de tous ses feux, monte nous voir dès qu'elle peut ; en me disant chaque fois « tu sais tatie, je ne monte pas que pour François, mais aussi pour toi, alors profites-en pour t'occuper de toi »...

Et elle à raison miss Etoile, il faut décrocher de temps en temps. Elle est notre soleil lorsqu'elle arrive. Elle me décharge, n'hésite pas à aider son cousin dans sa toilette ; elle se transforme en aide-soignante, infirmière, psychologue, seconde maman, donne son amour sans compter. Merci, le mot est faible pour lui témoigner toute ma reconnaissance. Mais l'amour se donne, est cadeau, il n'attend rien en échange, si ce n'est de l'amour. Et on t'aime notre petite étoile âgée de six mois de plus que son cousin. François lit l'espoir dans les yeux de sa cousine Etoile. Un jour il lui demandera à elle aussi « dis-moi est-ce que tu penses que je vais mourir » ? Et elle lui répondra avec aplomb « bien sûr que non » ! car elle le croit profondément, il ne peut pas en être autrement !

Etoile, arrête ses études, l'esprit sûrement trop encombré et avide d'indépendance. Elle devient salariée à l'âge de dix-sept ans et est émancipée. Majeure, avant l'heure, l'épreuve qu'elle traverse avec nous en a fait déjà une adulte.

Au début elle vient tous les quinze jours, puis tous les mois. L'été 2007, elle va même assurer la responsabilité de garder son cousin avec sa sœur aînée durant quatre jours pour que je puisse prendre quelques jours d'évasion qui me feront le plus grand bien.

En juin 2007 on fêtera ses dix-huit ans à la maison avec François et tous ses copains. Ma sœur Marie et ma grande nièce Lala nous font la surprise d'être là quand je vais chercher Etoile à la gare. Etoile est à l'honneur, nous lui offrons une bague en or, en témoignage durable de notre reconnaissance. Elle a de la personnalité, notre Etoile, elle nous bouscule, elle lui botte les fesses à son cousin, si par mégarde il se laisse aller. Elle veut le meilleur pour lui. Elle communique par mails, elle chatte avec lui, nous envoie des textos d'amour, d'encouragement. Tu es notre Etoile qui nous montre la lumière de la sortie de ce long tunnel quand parfois les nouvelles nous désespèrent. J'écris un poème à ma petite étoile pour ses dix-huit ans. L'écriture s'avérera être une thérapie dans ces moments pour le moins difficiles.

Chapitre 6.
Le ballet des hôpitaux et des intervenants

Après ce Noël miraculeusement passé à la maison ; il faut regagner l'hôpital st. Louis pour une semaine de chimiothérapie. Le jour de l'an se passera à l'hôpital de Pontoise, François est sorti prématurément le 31/12/2006 et doit regagner le 01/01/2007 l'hôpital de proximité, le CHU de Pontoise car il ne peut plus s'alimenter, est faible, ne pèse toujours que 42 kgs. Donc le 01/01/2007 nous sommes à l'hôpital de Pontoise en médecine de l'adolescent. On en sortira deux jours plus tard quand les nausées vont se calmer.

Il va me falloir un certain temps pour apprendre à fonctionner entre l'hôpital st. Louis, à Paris ; qui prend toutes les décisions, met au point les protocoles ; l'hôpital de proximité, le CHU de Pontoise, qui prend le relais dans les traitements et qui exécute les décisions de l'hôpital de st. Louis. Nous appellerons le médecin référent de l'hôpital de Pontoise, le docteur Heda, elle se reconnaîtra… Le relationnel n'a pas été facile à établir. François est un cas difficile, à qui va arriver pas mal d'incidents sur son parcours. Et moi je suis une mère un peu embarrassante ; qui veut tout contrôler, tout comprendre. J'ai des questions qui sont nombreuses, angoissées et angoissantes ; et qui forcément mettent dans l'embarras le docteur Héda. Nous avons quelques frictions par moments. Elle ne comprend pas mon attitude et moi je ne comprends pas la sienne. Mais nous nous respectons, et nous nous excusons toujours de nos débordements verbaux. Le docteur Héda est un médecin femme très consciencieuse, très concentrée, perfectionniste. Plus tard je prendrai le recul nécessaire, je pourrai faire preuve d'empathie et lui dire toue la reconnaissance que j'ai pour elle. C'est finalement quelqu'un d'aimable, qui peut être à l'écoute lorsqu'elle trouve le temps. On a fini par s'apprécier. Je suis même admirative. Il faut dire qu'elle n'est pas aux trente-neuf heures, elle fait des cinquante, cinquante-cinq heures voire plus par semaine. Elle n'a pas le droit à l'erreur, il faut qu'elle reste concentrée sur ses petits malades qu'elle affectionne et dont elle s'occupe avec le plus grand des sérieux. Derrière elle, toute une équipe d'infirmières, pleines d'humour, toujours le sourire, un mot gentil. Elles aussi elles donnent sans compter. Elles ont la foi. Bravo et merci à toute l'équipe de Pontoise.

Quelques conseils ? bien sûr qu'il faut arriver à poser les questions angoissantes qui nous serrent la gorge, nous empêchent de dormir. Mais il faut attendre le moment opportun, prendre un rendez-vous téléphonique ou dans le bureau du médecin. Savoir attendre qu'il soit disponible. Car l'urgence est tout de même les soins pour les enfants.

L'hôpital de proximité prend le relais. Mais on peut toujours appeler l'hôpital de référence, l'hôpital st. Louis. Quand j'appelle et que je tombe sur la secrétaire, la petite Maya, quel bonheur ! Toujours aimable, enjouée, une fée, qui trouve toujours la solution à tous les problèmes. Elle aussi se reconnaîtra, et les autres la reconnaîtront. Chapeau, Maya, vous aussi vous donnez sans compter, et votre tâche n'est pas facile ! Alors quand j'ai une question très précise sur la maladie de mon fils, sur les protocoles un peu complexe à assimiler au début, elle se débrouille pour me passer un médecin qui va répondre le plus précisément possible ou me donner un rendez-vous en cas d'indisponibilité. Ce qui peut arriver car la tâche est lourde pour toute l'équipe médicale de st. Louis. Le monde entier vient se faire soigner dans ce service de pointe.

L'hôpital à domicile, Santé Service prend le relais lorsque mon fils est à la maison. Un seul numéro d'appel et on me passe, la cadre infirmière ou le service social ou la psychologue ou le médecin coordinateur. J'ai connu deux cadres infirmières, remarquables d'écoute et de disponibilité. Le médecin coordinateur, très aimable, qui prend son temps pour m'écouter lorsque je suis perdue, ne sais plus ou donner de la tête entre les hôpitaux et les différents spécialistes. Car François a un suivi en service neurologique à Pontoise avec le professeur Tournesol, lui aussi se reconnaîtra, il est plein d'humour, très compétent et optimiste, juste un peu rêveur… Un radiothérapeute. Un grand bonhomme, dont le cœur est aussi grand que sa taille. Merci docteur de m'avoir rassurée, un jour où je vous ai appelé, très inquiète par le compte-rendu IRM du cerveau de mon fils. Par chance vous deviez voir le professeur Tournesol neurologue de mon fils et tout un colloque de neurochirurgiens à l'hôpital de Pontoise. Vous avez accepté de prendre clichés et comptes-rendus pour que tout cela soit étudié et vous avez eu la gentillesse de m'appeler sur mon téléphone portable pour me rassurer, dès que vous avez eu les résultats.

Je ne puis qu'être admirative et reconnaissante envers ces médecins qui vont au-delà de leur tâche et qui font leur travail avec humanité. C'est le cas pour nombre d'entre eux.

Revenons à Santé Service. Quelle chance d'avoir un tel service dans la région parisienne ! C'est vraiment rassurant, ils organisent beaucoup de choses. Beaucoup de prises en charge de tout ce qui est médical, paramédical, pharmacie, matériel médical. Les infirmières (un infirmier, on en a connu qu'un, fort sympathique, plein d'humour) sont dévouées, toujours le sourire, elles vont au-delà de leurs tâches, même si elles sont surbookées, elles jouent le rôle de psychologue même, puisque François refuse obstinément d'en voir une. Ce que je comprends, car au départ on lui avait collé une étiquette d'anorexique, en lui demandant expressément de voir psychiatre ou psychologue. Ce qu'il refusait car il n'en ressentait pas le besoin et pour cause. Madame la nutritionniste vous avez fait une erreur médicale de diagnostic : François n'était pas anorexique, il avait une leucémie et une des formes la plus grave. La formule sanguine vous a semblé correcte, je me dis que 145 000 plaquettes, une inversion entre les polyneutrophiles et les lymphocytes auraient pu vous conduire à refaire un bilan un mois plus tard ou informer le médecin référent, pour avoir un autre avis. Il me semble que ce diagnostic a été un peu posé à la légère tout de même !

Mon fils lui en veut et lui en voudra toujours. Je n'ai pas fait de vague. Je pense que ce médecin nutritionniste dont je tairai le nom ne posera plus à l'avenir de diagnostic d'anorexie sur un garçon aussi rapidement et s'entourera d'une équipe pour ne pas se tromper.

Je l'ai croisée par hasard une fois, je sais que la leçon a été entendue. Je m'en veux moi-même d'avoir pris rendez-vous avec elle, plutôt qu'avec le médecin traitant généraliste de François. Mais le 15 août 2006, lorsque François s'est déshabillé pour plonger dans la piscine de ma sœur, toute la famille a été effarée et moi la première, devant une telle maigreur, cachée jusqu'alors par des vêtements amples. Le verdict familial est tombé comme un couperet : « ton fils est anorexique » ! Et c'est un peu de ta faute, avec tous tes régimes pour avoir la ligne, il suit ton exemple !…

Que dire ? Que faire ? J'ai pris rendez-vous donc avec un médecin nutritionniste que je connaissais et dont j'étais satisfaite. On ne peut revenir en arrière. J'ai beaucoup culpabilisé d'avoir participé à cette erreur de diagnostic. Psychologue et médecin m'ont aidé à prendre le recul nécessaire. Il est vrai que l'adolescence n'est pas une période facile. Mon fils avait des réactions bizarres et pour cause, son cerveau devait déjà héberger quelques blastes certainement !…

Je savais bien quelque part qu'il n'avait pas de problème psychologique grave, je ne croyais pas vraiment au diagnostic d'anorexie, qui est aussi une malade grave et parfois mortelle. Je pensais à un cancer, mais que faire face à un médecin si sûre d'elle ; une formule sanguine pas très parlante ?…

Tu as été totalement été incompris mon fils entre le 15 août 2006 et le 23 octobre 2006. Et moi ta mère, je te demande encore pardon de m'être laissée embarquer dans cette fausse voie. De t'avoir embêté, parfois je te forçais à manger, te menaçant de t'amener à l'hôpital. Nous étions dans l'incompréhension la plus totale et la tristesse la plus totale de ne plus se comprendre.

Chapitre 7.
L'année 2007

Chaque protocole de chimiothérapie est une victoire. Mais il ne se fait jamais sans incidents. Encore sans cesse des aplasies (lorsque les polyneutrophiles tombent à 500). Alors plusieurs antibiotiques à prendre tous les jours et antifongiques. On met le masque, la blouse et on se nettoie les mains sans arrêt.

Certaines infirmières vont appeler François « Mr. Manugel ». Il faut dire qu'il a eu son compte d'infections, alors chaque fois que quelqu'un pointe son nez, il l'invite à se frotter les mains avec ce produit antiseptique.

Surveillance de la température deux ou trois fois par jour ainsi que la tension (on lui a acheté un tensiomètre automatique à piles). Et lorsque la température atteint 38°, on file à l'hôpital car François doit être perfusé en antibiotiques et placé sous surveillance. L'isolement est certainement la chose la plus difficile à supporter dans ce type de maladie. Les défenses immunitaires faibles voire inexistantes ne font pas bon ménage avec un bain de foule. L'alimentation doit être protégée. Alors on se met tous en cœur aux surgelés que l'on fait livrer à domicile et aux portions individuelles. Par solidarité on opte tous pour une alimentation protégée. Parfois on a le temps de mijoter un petit plat qui doit être consommé rapidement. Pas question de donner des restes de repas à François. Donc soit on passe son temps à la cuisine et l'on n'a pas le temps avec le ballet incessant des passages à orchestrer, soit on opte pour une alimentation protégée, aseptisée. De toute façon François n'aura pas faim durant toute l'année 2007. Et sera mis sous alimentation parentérale (il l'appelle la pâte à crêpes), jusqu'à fin août.

Au mois de mars, catastrophe. La nuit, François s'est réveillé, avait soif, on avait pris sa température avant d'aller se coucher, normale. Il a l'air d'aller bien. A huit heures du matin l'infirmière arrive pour débrancher sa perfusion, prise de température : plus de 39°c. Le compte à rebours commence, coup de fil à l'hôpital de Pontoise pour prévenir de notre arrivée. On arrive dans la demi-heure qui suit, mon fils est perfusé avec trois antibiotiques différents. Il est en observation, mais les constantes (pouls et tension) ne sont pas bonnes. Tension basse, pouls élevé, noradrénaline injectée, mais pas d'effet. Verdict : choc septique, (septicémie). Le SMUR est prévenu, il va transporter mon fils au service de réanimation de l'hôpital st. Louis. Le même médecin coordinateur qui l'avait transporté le 23 octobre 2006 est là, il se rappelle de mon fils. Je craque dans le bureau du médecin de l'hôpital de Pontoise. Le mot réanimation me plonge dans l'angoisse. Bravo à ce médecin, chef du service pédiatrique de Pontoise, d'avoir trouvé les mots rassurants, tout en organisant le transfert de François. Quel sang froid et quelle humanitude ! On l'appellera docteur Delart car il aime l'art. Il sera d'ailleurs présent lors de l'inauguration de ma galerie d'art le 26 avril 2007.

Nous voilà arrivés dans le service de réanimation de l'hôpital st. Louis. Un cardiologue nous reçoit, le papa de François, Victor et moi, le verdict tombe : choc septique, diagnostic vital très sévère. Victor ne peut supporter une deuxième fois et part en larmes. J'ai décidé de ne pas flancher et je dis au médecin cardiologue de garde : « mon fils va s'en sortir, il a vécu pire et il et toujours là ». Il m'explique que la noradrénaline ne fait pas l'effet escompté, qu'il va être dans l'obligation de l'intuber. L'horreur, pas ça ! Mon fils a mis trois mois pour retrouver la parole après sa première intubation. Je lui demande si je peux essayer de destresser mon fils, le faire respirer calmement, mettre à profit le yoga que j'ai pratiqué durant de nombreuses années ? Il accepte et m'accompagne auprès de François. Dès que François me voit, des larmes inondent son visage comme un appel au secours. Je suis là mon ange, n'aie pas peur, calme-toi, on va respirer lentement et profondément. Le cardiologue augmente pendant ce temps l'intensité de la ventilation et au bout d'un moment le miracle se produit, mon fils est apaisé, le pouls baisse, la tension augmente.

On sort de la chambre avec le médecin, lui aussi semble rassuré. Il m'invite à aller me reposer en gardant le portable à proximité et promet de m'appeler au cas où ? Mais à trois heures du matin, lorsque je décide enfin d'aller prendre un peu de repos, je sais que cette fois encore on a gagné. Ce que le cardiologue me confirme à sept heures du matin.

Etre une équipe gagnante, ne jamais baisser les bras. Il faut que mon fils voie toujours de l'espoir et la lumière de la victoire dans mes yeux.

Au bout de deux nuits, au troisième jour, il est enfin transféré dans le service habituel d'oncohématologie, « les coquelicots 3 » au troisième étage. Juste avant son hospitalisation, j'avais encadré des coquelicots qui me plaisaient, je les offre donc à ce service. Depuis, ce tableau est accroché dans le hall d'entrée. De plus le chiffre trois est un bon chiffre. En réanimation à Necker, François était aussi dans la chambre trois. On s'accroche à tous les signes, tous les symboles…

Au bout de huit jours mon fils est transféré à l'hôpital de Pontoise dans son service habituel, en médecine de l'adolescent. Il est content de se rapprocher de la maison et moi aussi, car je commence à devenir raisonnable et je rentre dormir à la maison, ce qui me permet de récupérer et de me changer les idées.

J'avais un projet juste avant que François tombe malade, devenir responsable d'un atelier qui fait de l'encadrement d'art, de la restauration de tableaux et je veux faire de cet espace une galerie d'art. Ma première exposition est déjà organisée et le vernissage prévu le 26/04/2007.

J'ai mis ma vie complètement entre parenthèses durant six mois, je sens que je m'essouffle. Alors je décide que le 25/04/07 je deviendrai responsable de cet espace qui me passionne et je signe donc chez le notaire. Le 25/04/07 l'exposition est montée. A vingt-deux heures je décide que François sera le premier à la voir et à signer le book de la galerie. Je l'amène donc visiter cette exposition haute en couleurs, très gaie. Il est enchanté, cela lui plaît beaucoup. Nous avons encore gagné, j'ai ouvert cette boutique et mon fils est le premier visiteur ! Emotion indescriptible…

Le 26 avril c'est le vernissage, il fait chaud, un monde fou, l'artiste est heureux et moi aussi. J'aperçois un des médecins de Pontoise, le docteur Delart ; il est séduit par les pêcheurs de l'artiste et me le réserve. Puis il écrit un mot dans mon book et se rend compte que François a été le premier visiteur. Il m'encourage dans cette voie, me dit que nous sommes courageux tous les deux et sur la bonne voie. Merci encore docteur Delart pour votre soutien et votre gentillesse.

François sera toujours le premier visiteur de mes expositions et mettra chaque fois ses impressions. Fin 2007 il pourra même venir à la fin du vernissage et nous irons manger une pizza chez le meilleur pizzaïolo de la ville qui est juste à coté de la boutique. Encore une étape de franchie, François a enfin le droit de fréquenter un peu la société. On prévoit même de partir quelques jours pour les vacances de la Toussaint si bien sûr il n'y a pas d'aplasie.

Mais ce n'est pas possible, aplasie, plaquettes basses et de plus on doit extraire d'urgence les quatre dents de sagesse de François. Elles n'auraient pas pu attendre un peu ? Et non, voilà ce que c'est que d'être sage avant l'heure mon fils chéri !

Qu'à cela ne tienne nous partirons fin décembre dans ma famille, passer huit jours autour du jour de l'an. Les billets sont pris. Il n'y aura pas d'aplasie, pas de zona, pas de microbe, on le fera c'est décidé. Et on le fait. Dans le hall de la gare de Nîmes le comité d'accueil est là : toute la famille est présente sur le quai… On s'embrasse, on se serre fort, des larmes de joie ! Oui, c'est arrivé, nos premiers congés autorisés du 27 décembre au 3 janvier 2008. L'hôpital de Nîmes est prévenu, mais ils ne nous verront pas. Pas d'incident cette semaine là. Encore une victoire.

On n'a pas eu de vacances d'été cette année là, car François a dû subir douze séances de radiothérapie sur son cerveau. Les médecins préfèrent ne pas courir le moindre risque d'une récidive qui serait fatale à François vu la gravité de sa leucémie et son faible poids (44-45 kgs). Cela se passe en juillet. François reperd ses cheveux, mais il s'en moque. Il est très fatigué et il va passer pratiquement tout le mois d'août à l'hôpital à cause d'infections à répétitions. Fin août on lui a enlevé pour la deuxième fois son cathéter qui permet de faire les chimiothérapies. Ce sera du coup la fin de l'alimentation parenthérale et il est content. Mais il va falloir s'alimenter et ce n'est pas une mince affaire de refaire fonctionner son estomac rétréci et nauséeux. Alors commence la valse des produits énergétiques, il va tous les essayer de septembre 2007 à mai 2008.

Après l'extraction de ses dents de sagesse, le traitement s'allège un peu, François reprend un peu d'appétit. Ce sera sa dernière aplasie. Alors je décide de lui faire goûter à la cuisine hautement gastronomique dans un lycée hôtelier près de chez moi, que j'affectionne beaucoup. De plus ils exposent en permanence des tableaux et les professeurs sont vraiment sympathiques. Ils vont suivre l'évolution de l'appétit de mon fils et la courbe de son poids. Et oui il va atteindre en six mois 56 kilos pour un mètre soixante-dix.

Il était tombé en novembre 2006 à 38 kilos, plus dix-huit kilos et plus deux centimètres donc ! Une grosse victoire qui va le mettre davantage à l'abri des microbes et lui faire mieux supporter les traitements.

Encore une manche de gagnée Un deuxième petit zona, une glande parotide enflammée, mais tout cela ne va pas atteindre notre moral d'acier…

Chapitre 8.
L'année 2008

François fréquente le lycée depuis le mois d'octobre 2007 pour huit heures, seulement les langues et reçoit des professeurs à domicile. Cours d'économie, de français, de maths et d'histoire géographie. Ses professeurs sont admirables, beaucoup de philosophie, d'humanité. Quand on leur dit merci, ils nous le renvoient en nous disant à leur tour merci de connaître François, de cotôyer un adoslescent aussi courageux, volontaire et digne.

Ils m'encouragent aussi. J'en ai besoin, je veux être sur tous les fronts : la santé de mon fils, je me sens un peu comme le chef d'orchestre de toutes ces équipes médicales, contrôler, superviser tout, pour que ça ne déraille pas ; la maison, mon travail qui me passionne et qui ramène de l'air frais et nouveau à François. Je veux pour mon fils le meilleur, qu'il voit une mère dynamique. Mais à force de jouer superwoman, j'arrive à avoir une tension à 8/5 7/4. Je décide donc de prendre un congé de trois mois de début juin à début septembre 2008.

Je décide aussi à m'autoriser à partir en vacances l'été 2008, à penser à moi, vivre un peu pour moi et de faire en sorte que François retrouve davantage ses copains. Il faut couper le cordon, c'est vital pour notre équilibre psychologique à tous les deux.

Une belle rencontre le 26 juillet va me donner raison d'avoir pris cette décision. Je rencontre de nouveau l'amour ; car je me suis rendue disponible, réceptive. Cela n'aurait pas été possible avant, car je n'avais rien à donner, donc rien à recevoir. Cette rencotre me rend heureuse.

Mon fils lit mon bonheur sur mon visage et il est heureux à son tour.

Après presque deux ans de galère, durant lesquelles nous avons eu une relation fusionnelle François et moi, nous coupons d'un commun accord le cordon.

Nous sommes autorisés à partir deux semaines en vacances, ce que nous faisons : destination le sud, dans la famille. Le soleil n'est pas trop au rendez-vous mais il est présent dans tous les esprits et dans tous les cœurs.

Et pourtant en juin 2008 François a dû subir une intervention chirurgicale. Autogreffe d'os spongieux et de moelle osseuse dans le col du fémur droit, la hanche est nécrosée, le col du fémur écrasé. Cinquante pour cent de réussite, François est sur un fauteuil roulant, statut GIC jusqu'à fin 2010. On a eu peur, on a craint un cancer osseux, mais non, ce sont des atteintes anciennes.

Début août, un mois après l'intervention, opération réussie, la double autogreffe prend. François a le droit de se servir des béquilles à l'intérieur de la maison et fauteuil à l'extérieur.

Entre temps on a aménagé la maison, les accès, la salle d'eau du bas, tout cela en un week-end. A mes frais car on ne va pas attendre de remplir des dossiers et que les commissions se réunissent !…

François est philosophe, il fait face à chaque incident avec toujours la même patience, dignité, en disant, cela va bien s'arrêter un jour…

Oui mon fils, cela va s'arrêter un jour ; car forcément après la pluie vient toujours le beau temps, la roue tourne. Tu as eu ton compte de misères et maintenant tu es tourné forcément vers un avenir radieux.

Tu seras un adulte solide, philosophe et libre. Je veux rayonner pour toi mon fils chéri, regarde comme je suis heureuse malgré toutes ces misères endurées ! J'aime te voir sourire, tu es optimiste. Je suis fière de toi, comme je sais que tu l'es de moi. L'amour ne se compte pas, il se donne, il se reçoit, c'est une réserve inépuisable et il sauve de bien des maux.

Jeudi 28 août rendez-vous avec le professeur Tournesol, neurologue qui doit faire le bilan avec les clichés IRM du cerveau et en juger l'évolution. L'après-midi, tests décisifs avec la neuropsychologue mademoiselle Beauté. Tests sur la mémoire entre autre, bilan de compétences cognitives, que l'on devra remettre au médecin scolaire. Le professeur Tournesol a eu déjà le bilan de M. Emmanuel, orthophoniste qui est plutôt optimiste.

Est-ce que François va être apte à suivre une première ? Troisième inscription en première, les deux années scolaires précédentes, François n'avait pas été évalué et n'avait pas suivi tous les cours. Tout d'abord en raison de sa leucémie très invalidante la première année (2006/2007), de la lourdeur des traitements, sa grande faiblesse, ses aplasies et de ses problèmes de mémoire immédiate. Tout cela a entravé une scolarisation normale.

L'année scolaire suivante (2007/2008), nous a redonné plus d'espoir. Bien que n'étant pas évalué et ne fréquentant le lycée que huit heures par semaine, François a bénéficié de cours réguliers à domicile qui lui ont été très bénéfiques tant sur le plan culturel que sur le plan psychologique. Merci messieurs et mesdames les professeurs de votre investissement qui dépassait largement le cadre de vos attributions.

Nous sommes optimistes, comme toujours. François est inscrit au lycée, je suis allée chercher la clef de l'ascenseur de son lycée qui lui permettra d'accéder en fauteuil roulant à certaines classes. Le taxi a été contacté, il doit venir mercredi pour déposer mon fils au lycée à neuf heures pour la réunion d'information. François aura toujours le même chauffeur qui l'accompagnera le matin et le soir.

Fin juin 2008 nous avons mis en place un PPS (projet personnalisé de scolarisation). François devra toujours être accompagné d'un camarade dans l'ascenseur. Le CPE va résoudre le problème, l'intendante étant inquiète. J'ai cru qu'elle n'allait pas me donner la clef et le code d'accès. Le proviseur adjoint a organisé les cours de langue dan des salles accessibles, c'est un homme charmant, humain. Madame le proviseur n'était pas très enthousiaste pour garder mon fils dans son lycée. C'est qu'il faut se battre sur tous les fronts ! Au cours de la réunion pour la mise en place du PPS, François s'est exprimé, il était très convaincant, manifestant son désir de ne pas être déraciné et rester dans son lycée d'origine. Les professeurs l'ont défendu et le médecin scolaire aussi. Alors l'administration s'est inclinée. Tout est mis en place.

Le fait d'avoir tout organisé est une manière de conjurer le mauvais sort. Nous partons gagnants comme d'habitude, c'est la seule bonne façon d'appréhender demain.

François est inscrit à la conduite accompagnée, pourquoi le traiter différemment des autres ados ? Il a un logiciel sur son PC et fréquente la salle des tests de l'auto-école. Aujourd'hui il a fait seulement huit fautes. Encourageant. Cela présage un lendemain qui va être forcément bon.

Vendredi matin le psychologue va venir à dix heures trente, François est marrant, il la salue et dit : c'est ma mère qui vous reçoit. Oui, dans cette situation que l'on gère sur un temps assez long, il est utile de se faire aider sur le plan psychologique, car tout est remis en question. Mon couple, fragile, n'a pas tenu le choc, je divorce sans regret. J'ai perdu un ami, mais c'était un piètre mari. Cela m'a permis de me replacer dans la perspective d'une autre relation amoureuse, ce que je vis aujourd'hui.

Les problèmes de François doivent être gérés par lui, moi-même sa mère et son père. Ne pas parasiter une relation amoureuse ni avec le quotidien, ni avec des soucis qui ne concernent que le trio : enfant et les deux parents. J'ai pris du recul, ces deux années me ramènent à l'essentiel.

Je sais ce que je veux et ce que je ne veux plus surtout. Je tiens à garder le cap maintenant.

Je suis sortie de la bulle dans laquelle j'étais enfermée avec François depuis bientôt deux ans. C'est une drôle de maladie la leucémie, c'est une maladie enfermante, isolante. Le malade a des défenses immunitaires très faibles, voire inexistantes et cela est incompatible avec une vie sociale.

François a quelques difficultés à sortir de sa bulle. Il n'est bien qu'à la maison. Nous avons quelques frictions à ce sujet. Il a tendance à couper tout lien avec l'extérieur. Là aussi, j'ai dû intervenir. Depuis toujours je garde le contact avec ses copains, je les invite chaque fois que possible à venir en comité restreint ou carrément j'organise des fêtes. Je pousse François chaque fois que possible à aller chez ses copains.

Merci les copains de François, vous êtes de vrais amis ! Il repartira un jour avec vous à l'île Dieu ou ailleurs. Un week-end vous l'avez même amené avec votre voiture et son fauteuil roulant, direction le restaurant. Vous êtes prêt à gérer son handicap avec lui, vous le bousculez, lui faisant des remontrances, car il ne vous appelle pas assez ! Vous êtes maintenant majeurs, le week-end du 6/7 septembre, je vous ai proposé de vous laisser la maison pour faire la fête avec François, vous étiez super contents de fêter le départ d'une nouvelle année scolaire. Si François est scolarisé à temps plein comme prévu, cela va être le début de l'indépendance, d'une autonomie nécessaire et vitale.

Moi je vais en profiter pour m'octroyer un week-end de liberté avec mon nouvel amoureux, chacun sa place, moi en week-end, libre et François faisant la fête avec ses copains. Revenir à des valeurs plus normales, quelle joie !

Ne pas perdre ses valeurs éducatives. Cela m'arrive de réprimander mon fils. Je lui ai déjà dit : la maladie n'excuse pas tout ! Garder le cap dans les valeurs éducatives que l'on s'était fixées au départ, avant la maladie. C'est très important, car un malade, quel que soit son âge, devient égoïste, égocentrique. Faire le maximum, il le faut, je suis sa mère, mais il faut veiller à se faire respecter, ne pas changer le relationnel, c'est important, primordial. Combien de parents doivent se laisser déborder par leur adolescent malade, n'osant pas le contrer, le réprimander et vivent alors dans une ambiance irrespirable. Garder le fil de la communication, écouter l'adolescent malade, mais se faire entendre et surtout rester dans le respect mutuel. Je suis sa mère, dévouée, attentive, mais je suis aussi une femme qui a droit et revendique un espace de liberté vital et nécessaire à mon équilibre psychologique.

Il est important de conserver un bon équilibre psychologique, comme dans un marathon, une course de fond et ce marathon là qui a démarré le 23 septembre 2006 est long, exténuant physiquement et psychologiquement. Il va falloir tenir jusqu'au bout. Fin des traitements en mars 2009. Fin d'un long marathon ? Deux ans et demi, 42 km 200 intense, la plus longue et difficile course de ma vie. Mais la victoire est proche. Une fin de marathon est toujours un peu laborieuse. Il ne faut pas flancher, ménager ses efforts, pour franchir la ligne d'arrivée et la franchir victorieux !

Vendredi 18 août 2008 quinze heures, on a vu le professeur Tournesol, il a examiné les clichés IRM, beaucoup de questions quelques tests. Il est très optimiste. Il n'aura même pas le temps de faire une étude sur le syndrome calleux dont souffrait François. Maintenant lorsqu'il met un objet dans la main gauche de François et que celui-ci a les yeux fermés, il reconnaît l'objet. Pour lui, François va pouvoir et doit suivre un cursus scolaire normal. Bien sûr, il faut attendre les tests avec la neuropsychologue qui se déroulent cet après-midi. Le neurologue nous dit : vous avez vécu un véritable drame, un long et pénible marathon, mais vous savez quand les choses se mettent à aller dans le bon sens, alors tout suit, l'inverse est vrai aussi, nous dit-il. Mais en ce moment tout semble aller dans un sens positif. C'est un médecin surbooké comme les autres, mais très humain, il prend le temps de nous parler, d'encourager François qui a perdu beaucoup de confiance en lui sur le plan des compétences intellectuelles. Il lui dit : je pense que tu feras autre chose que remplir les coupelles de fruits. Tu as un avenir devant toi, il faut que tu réfléchisses à un métier, tu vas réussir ! Après des serrements de mains chaleureux, nous ressortons du cabinet, via la cafétéria de l'hôpital de Pontoise.

Nous sommes hilares, Victor et moi, nous poussons le fauteuil avec des éclats de rire de bonheur. On voit la lumière au bout du tunnel. Des gens nous regardent et doivent se demander comment des parents peuvent être aussi heureux derrière un fauteuil roulant transportant un adolescent !

Je vais retourner rechercher François en consultation mémoire, confiante, car je n'oublie pas ce que nous a dit le professeur Tournesol, tout va aller dans le sens positif maintenant. J'ai laissé François devant le bureau de mademoiselle Beauté, après quelques questions posées et j'ai senti mon fils très disposé à réussir les tests. C'est important la volonté, le désir de vaincre et de croire en la réussite. Bien sûr que j'ai une légère angoisse au moment de repartir, elle est légitime mais je la raisonne. Conjurer le mauvais sort, ça ne coûte rien.

Nous avons enfin, une partie des résultats. Une autre batterie de tests est prévue dans huit jours pour approfondir la question, mais le bilan pour le moment est plutôt positif. Toujours des problèmes dans la mémoire immédiate, mais des progrès sont constatés. François va faire sa rentrée au lycée mercredi, en première ! Le feu vert est donné par le neurologue. Nous savons que cela va être difficile, François va devoir s'accrocher, il va être fatigué le soir. Il en a conscience, on le lui dit, mais il ne va pas capituler, ce n'est pas son genre. Trop content de retrouver le lycée à plein temps.

Se profile une vie plus dans la norme. Bien sûr nous serons là pour le soutenir, l'encourager, mais c'est lui qui se botte les fesses, il n'a besoin de personne pour cela. Quel courage, quelle force de caractère. Il va être à mon avis un élève exemplaire pour la classe dans laquelle il va effectuer sa première. Il assume sans problème le regard des autres. Aller au lycée en fauteuil roulant ? Aucun problème, l'essentiel est de sortir de la bulle dans laquelle il est enfermé depuis deux ans. Enfin une vie sociale se profile à l'horizon, mercredi va être un grand jour !

Je me souviens la première fois que je l'ai accompagné au lycée pour les cours de langues, je le regardais s'éloigner et je savourais cet instant le plus longtemps possible car c'était inespéré quelques mois plus tôt. Encore une victoire sur la maladie. Savourer chaque moment positif, se remplir d'énergie positive pour faire face aux moments difficiles.

Chapitre 9.
La rentrée scolaire 2008

Mercredi 3 septembre 2008 va être un grand jour, François va comme tout le monde faire sa rentrée à plein temps, puisque le neurologue a donné son feu vert.

Mardi deux septembre au soir, je savoure à l'avance ce moment tant attendu. François a préparé son sac à dos avec sa trousse, carnet de bord, trieur avec toutes les matières inscrites. Il a l'air détendu, bien que la rentrée se fasse en fauteuil roulant. Le taxi viendra le chercher à huit heures quarante-cinq, je l'accompagnerai jusqu'à la salle, prendrai l'ascenseur avec lui pour la première fois car pour le moment rien n'est organisé.

Je suis déçue par l'administration du lycée, très réticente pour recevoir mon fils, chaque fois on me fait remarquer qu'il y a un autre établissement qui serait mieux adapté. Demander une assistance scolaire ? Il y a droit normalement, on me dit que dans l'autre établissement il y en a une. On s'attendait à autre chose, au lieu de nous rassurer, on nous met en avant tous les problèmes. Je le fais remarquer et si on positivait ? Si on se disait qu'à chaque problème il y a une solution. Aller chercher les livres, un élève peut le faire à la place de mon fils. Heureusement que j'ai été professeur pendant vingt-cinq ans et que je sais comme les choses se passent. Quelle inertie de la part de quelques membres, ça les embête de devoir recevoir François, mais ils ne nous gâcheront pas notre joie. Presque deux ans de combat acharné contre la maladie, de volonté d'acier pour progresser sur la mémoire, la concentration, l'écriture, on s'attend à plus d'empathie ! François veut rester dans son lycée de proximité doté d'un ascenseur, c'est affectif, il y a encore quelques copains et c'est prêt de la maison ! On devrait le rassurer, lui faciliter la tâche, l'accueillir avec joie et même lui dire : « bienvenue François et bravo de t'être si bien battu, nous sommes ravis de te retrouver parmi nous » ! Eh bien non l'administration est bête et méchante, pour eux c'est un problème de plus à gérer !… Pas pour tous heureusement. Je pense aux professeurs qui ont soutenu François, aux CPE pleins de bonne volonté, le proviseur adjoint qui a modifié l'emploi du temps pour François, le médecin scolaire qui entend François et comprend. Merci à ces personnes pour qui François est plus qu'un numéro, un nom dans une liste. Merci de nous tendre la main et de faire équipe avec nous et non contre nous. Et si on décidait tous, j'ai dit aujourd'hui au téléphone, d'œuvrer dans l'intérêt de François, si on essayait de faire en sorte que cette rentrée soit réussie ! Il le veut, moi aussi, messieurs et mesdames les rabat-joie égoïstes, vous ne gâcherez pas cette rentrée scolaire qui est une victoire pour nous, nous la savourerons à sa juste valeur demain !

Ce soir je suis émue. Je nous revois deux ans en arrière, François préparait avec le même sérieux et méthodologie ses affaires et son sac pour la rentrée. Il pesait quarante-deux kilos et était fatigué ; déjà malade sûrement. Il faisait la rentrée avec un faux diagnostic d'anorexie et une étiquette « psy ».

Demain il fera sa rentrée sans étiquette malgré le fauteuil roulant qui est provisoire. Il se veut être un élève normal dans un lycée normal. Il y a droit. Cela fait deux ans qu'il se bat pour cela !

Je pense qu'il va être un exemple pour la classe et que par son attitude digne, pleine de courage, de force et de volonté, il ne pourra que faire incliner les derniers récalcitrants qui ne prennent pas le temps de se mettre un peu à sa place. Il les a déjà à moitié conquis lors de la réunion du

30 juin. Je pense que tous ces soit disant adultes ont des leçons à tirer d'un adolescent de dix-sept ans et demi aussi digne et qui ne baisse pas l'échine.

Alors un peu d'empathie messieurs dame !

Beaucoup de personnes nous souhaitent « bon courage » pour faire face à nos difficultés. Je prends conscience que je ne supporte plus cela ; ce n'est pas « bon courage » qu'il faut nous souhaiter, mais « bonne chance », pour faire face à tous ces individus qui manquent d'empathie à notre égard et qui au lieu de nous aider, nous créent des difficultés supplémentaires.

La première semaine de la rentrée se termine. J'ai dû faire face à de nombreuses difficultés. Je ne parlerai pas de mon divorce que je pensais être « à l'amiable », puisque je dois faire face aux délires de celui dont je divorce. Le mot empathie ne doit pas faire partie de son vocabulaire, il a décidé de m'empoisonner la vie, même après son départ, mais il n'y parviendra pas. Je ne développerai pas le sujet car ce serait lui donné une certaine importance et je n'ai que du mépris pour des êtres aussi égocentriques et vils. Il m'admirait pourtant pour ma force et mon courage et pour ma dignité, des valeurs qui lui sont complètement étrangères. Mais moi, je ne les ai pas oubliées et je compte continuer la tête haute et conserver mon énergie intacte pour ceux qui en valent la peine. Mon fils chéri, François et mon amour nouveau mais tellement prometteur qui ensoleille mon existence, me redonne de l'oxygène lorsque je frôle l'asphyxie par ailleurs au contact de personnes manquant d'humanitude.

Nous avons eu raison de nous battre, un bras de fer s'est engagé avec l'administration. J'ai repris contact avec une fédération de parents d'élèves dans laquelle je siégeais. J'ai appris que tous les établissements scolaires se doivent d'accepter un élève handicapé sous peine d'être taxé de discrimination.

Les difficultés s'estompent, le médecin scolaire nous soutient, elle est très ouverte et humaine. Le proviseur adjoint déplace les deux heures de langue qui étaient inaccessibles en fauteuil roulant. Avec un peu de bonne volonté, tout peut s'arranger. Ils ont senti que je ne capitulerai pas, je défendrai la cause de mon fils jusqu'au bout, pour lui et tous les autres qui pourraient suivre. Une assistance de vie scolaire ou un surveillant supplémentaire peut être accordé, il le sera, on va faire le forcing pour que la demande soit effectuée. Réunion en début de semaine prochaine pour finaliser le PPS (projet personnel de scolarisation).

Les semaines se suivent mais ne se ressemblent pas.

Ce week-end on s'accorde une pause, François va faire la fête avec ses amis à la maison, quartier libre, procuration donnée à un ami majeur qui veillera au grain. Pour ma part, je pars au bord de la mer avec mon amoureux. Ne pas s'oublier, ne pas oublier de vivre pour soi. C'est très important, si je veux continuer à conserver intacts, mon optimisme, ma joie de vivre et mon énergie !

Ne vous oubliez parents de malades, un long marathon ça se négocie pour arriver intacts à la ligne d'arrivée. J'ai appelé l'hôpital saint Louis aujourd'hui pour un renseignement strictement protocolaire sur la prise d'un médicament. Je suis tombée sur Juliette, médecin qui a toujours le sourire, tellement ouverte et humaine, très optimiste pour François et qui m'a dit de l'embrasser très fort. Il se crée des contacts très fors entre médecins, patients et parents lorsque l'on frôle la mort. J'ai remercié ce médecin et lui ai redit toute ma reconnaissance éternelle et elle a reçu tout cela comme un cadeau. Ils ont besoin d'encouragements eux aussi, leur tâche est difficile. Alors parents, patients ne l'oubliez pas, un mot gentil, un merci…

Et la secrétaire, la petite Maya qui ne laisse pas entrevoir qu'elle est surbookée et vous prête une attention de qualité, même lorsque vous contez vos problèmes personnels. Ils existent ces gens formidables qui vont au-delà de leur mission. Ils vous font oublier tous les imbéciles, il faut s'appuyer et faire avec ces gens formidables pour contrer les personnes faisant preuve d'une grande inertie et dégageant beaucoup d'énergie négative et que vous pouvez traîner comme des boulets si vous vous laissez affecter par eux.

Laisser circuler l'énergie positive et éloigner voire neutraliser l'énergie négative pour pouvoir au mieux continuer d'une bonne foulée ce marathon bien entamé !

Premier week-end de vraie indépendance pour moi et pour mon fils François qui a fait la fête comme il se doit à son âge et moi de mon coté week-end en amoureux où je vis pour moi. Lorsque je rentre de ce week-end je retrouve un autre François. Il est détendu, heureux de ce week-end entre adolescents. Il me voit détendue et heureuse aussi. Nous venons de vivre enfin une situation normale. Nous sommes à l'écoute du bien-être de l'autre. Beaucoup de respect mutuel s'est instauré et s'est renforcé entre nous. Deux ans de complicité, de combat main dans la main, nous fait apprécier ce lâcher prise nécessaire à notre équilibre psychologique mutuel.

Nous avons reconstitué notre réserve d'énergie pour attaquer la deuxième semaine de la rentrée scolaire qu'il faut meilleure que la première.

La réunion pour finaliser le PPS arrive enfin le mardi. Nous avons demandé à être assisté d'une déléguée de parents d'élèves, ce qui heurte la direction dans un premier temps. Le médecin scolaire toujours aussi remarquable nous fait une synthèse sur l'état de santé actuel de François et essaie de cibler ses besoins. La direction, à moment donné, est agacée, rappelant que son établissement scolaire n'est pas le mieux adapté pour un élève handicapé. A ce moment là, je ne peux en supporter davantage et je rappelle que cela fait deux ans que l'on se bat avec François pour vaincre sa maladie, qu'il a frôlé la mort plusieurs fois, que cette rentrée scolaire était inespérée et elle se réalise enfin, comme un rêve que je ne vais pas laisser briser par un manque d'humanitude et d'empathie !

François a besoin de se sentir accueilli et soutenu et c'est le contraire qui s'est produit. Deux minutes de silence suivent, puis le médecin scolaire enchaîne en insistant sur l'aspect psychologique, qu'effectivement il est important que François se sente accueilli, soutenu, il ne faut pas le mettre en échec. La deuxième partie de la réunion prend une autre tournure.

Un autre professeur est présente, remarquable aussi, l'enseignante référent dépêchée par la MDPH, est aussi à l'écoute de François. La direction s'incline. Les solutions sont trouvées à tous les problèmes soulevés.

Monsieur le proviseur adjoint va revoir l'emploi du temps pour rendre les classes encore plus accessibles. Il semble que tous les problèmes se dissipent. Je ressors de la réunion enfin rassurée, je me sens légère, nous avons encore gagné une bataille. Bataille qui n'aurait pas dû exister car on aurait dû nous accueillir et nous soutenir comme il se doit. Espérons que tout cela servira de leçon si un autre cas se présente.

Toujours s'appuyer sur les gens positifs pour faire fléchir les plus négatifs. Ne pas désarmer, ne pas fléchir et regarder de façon optimiste tout en restant lucide. Merci à toutes les personnes positives de cet établissement qui nous aident dans notre démarche.

Réunion pédagogique prévue en décembre. François est resté digne, stoïque, un exemple pour certains adultes manquants d'empathie. L'année scolaire se présente bien maintenant, mais nous resterons vigilants. Et je vais reprendre mes fonctions de déléguée des parents d'élèves pour veiller au grain de plus près…

Chapitre 10.
Refaire surface

Deux années viennent de s'écouler dans une vie sans norme, à lutter contre la maladie, lutter pour la vie, un combat sans relâche. Nous étions dans une espèce de bulle, avec quelques fenêtres de sortie sur l'extérieur par moment.

Deux semaines de vacances, de prise en charge par la famille, durant lesquelles j'ai lâché prise. On m'a enlevé les soucis du quotidien, merci à ma sœur Marie d'avoir contribué à cela. J'ai pu prendre du recul, réfléchir sur ma propre existence, car j'avais mis entre parenthèses ma vie personnelle.

Les médecins nous poussent à sortir de la bulle, à aller vers une vie normale, mais ce n'est pas si simple.

Dans un premier temps on a tendance à vouloir croquer la vie à pleines dents, comme une renaissance, je m'émerveille de tout.

Mon mari est parti, je suis débarrassée d'un boulet qui était à l'extérieur de la bulle et lorsqu'il y rentrait, c'était pour nous empoisonner l'existence. Il n'est pas parti avec dignité, tant pis pour lui. Il était temps qu'il parte car je n'ai pas de l'énergie à dépenser dans des conflits qui peuvent être réglés rapidement et à l'amiable. Mais pour cela il faut de l'humanitude et de l'empathie.

Disons que cette période de conflits a un peu retardé notre sortie de la bulle. On nous maintenait la tête dans l'eau. Colère et indignation, on ne va tout de même pas se laisser vampiriser notre énergie, François et moi, alors que l'on en a encore tant besoin pour justement refaire surface.

Quel soulagement lorsqu'il est parti, ce boulet, ce parasite sans pitié !

Enfin débarrassé de lui, on va pouvoir envisager une vie meilleure. C'est évidemment scandaleux qu'un être soi-disant humain ait pu profiter de la situation de faiblesse, dans laquelle nous avait plongés le handicap de François, pour nous pourrir la vie. Il n'y est pas arrivé, une fois le mari parti, nous avons réagi vite François et moi, nous étions soulagés !

François s'est tourné vers ses copains, présents pour faire la fête avec lui et moi je me suis tournée vers une éventuelle rencontre. Pourquoi ne serai-je pas apte à redécouvrir l'amour ? Je sens que j'ai beaucoup d'amour à donner et à recevoir et le miracle se produit : je rencontre l'amour. Cet amour partagé me nourrit, me redonne vie, me fait rayonner. Ma vie personnelle reprend un sens positif. Et François en récolte les fruits, il voit une mère heureuse, épanouie, légère qui sait de nouveau vivre par moments pour elle. Il déculpabilise, il est heureux de ma joie retrouvée.

Au départ c'est l'euphorie permanente, j'arrive à gérer ma vie personnelle et François. Je m'organise. Je rassure François, je lui présente même mon amoureux. Il est content. Mais les choses ne sont pas si simples que cela, on ne refait pas surface d'une seule traite, c'est comme des paliers de décompression. Parfois, je m'arrête à un palier et je m'interroge. Est-ce que je continue mon ascension vers la surface, la lumière ? Ou est-ce que je ne ferais pas mieux de retourner dans la bulle ?

La raison et l'envie me pousse vers l'ascension, alors je monte un palier de plus. Mais à chaque étape, questionnement, angoisse et si arrivée à la surface, à la lumière, je devais retomber vers l'obscurité des profondeurs de cette bulle d'où je viens ? Je me dis que le temps va faire son travail, j'essaie de conserver mon optimisme. Je suis une battante, une persévérante. Etre amoureuse m'aide à aller vers la lumière. Je me dis que j'ai eu raison de rouvrir mon espace vital et que j'ai de la chance qu'un homme que j'aime soit rentré dans mon espace personnel.

J'essaie maintenant de concilier ma vie personnelle qui existe, qui évolue et prend forme et continuer à être présente pour François, veiller sur lui, le rassurer, l'accompagner tout en le poussant lui aussi vers sa liberté, sa libération je dirais.

Retrouver une vie normale, son autonomie, sa liberté, ce n'est pas acquis. Je me dis que ce que je vis va lui servir d'exemple, être un moteur pour lui. Je me suis libérée de mes chaînes et je me sens légère, je suis heureuse. Il va y arriver, c'est une question de temps, ce sera plus long pour lui, car il est handicapé pour le moment. Mais mon exemple de vie doit entretenir chez lui l'espoir d'une vie meilleure et normale. Mon optimisme et sa sérénité doivent le tirer vers le haut.

Bien sûr que dans mon fort intérieur, par moments, je me demande est-ce que j'ai vraiment le droit de mener moi, une vie normale, alors que lui doit encore attendre ? Ne risque t'il pas de se sentir délaissé ? Toutes ces questions sont légitimes.

L'essentiel est d'en parler, de ne pas rompre la communication. Rassurer François, continuer à lui témoigner mon amour. Etre présente pour gérer avec lui ses difficultés, et je le fais.

Alors je me dis que si je culpabilisais d'avoir moi retrouvé une certaine liberté avant lui, ce serait ridicule, déplacé. Je dois rester un moteur pour lui et comme un éclaireur lui ouvrir le chemin vers la liberté, la lumière, un avenir qui doit être maintenant le meilleur possible pour François et que l'on construit dans le présent.

Se projeter dans l'avenir, c'est nouveau pour moi, après ces deux années passées à vivre au jour le jour, heure après heure, ne pas savoir de quoi sera fait demain. Avoir peur de demain, le présent étant tellement effrayant.

Alors quand le présent devient acceptable, faire son maximum pour le rendre meilleur. Croquer dans la vie qui se présente, le bonheur qui vous tend la main. Le quotidien et les soucis me rattrapent parfois. Il faut s'organiser, c'est important d'être organisée, on gagne du temps et de l'espace pour soi. Se projeter dans l'avenir de façon positive c'est maintenant devenu une nécessité pour moi. Comme pour fuir ce passé qui si je le ressassais, deviendrait un boulet ! Couper avec ce passé lourd, effrayant. Faire des projets, dès que cela devient possible, signifie qu'un lendemain qui chante est accessible. Cela permet de se sentir plus léger dans le présent.

Mais ne pas oublier que l'avenir se construit dans le présent ; alors il est nécessaire de vivre chaque jour comme un cadeau, une revanche sur ce passé qui fut si terrible.

Essayer de se débarrasser de ses angoisses, ses craintes, la petite boule à l'estomac encore présente lorsque je me réveille. Alors debout ! Et en route pour une journée nouvelle. Je me remets au footing le matin trois jours par semaine, je reprends les cours de danse. Je retourne régulièrement au cinéma. Je retrouve mon amoureux. Tout cela me permet de m'ancrer dans la vie, dans le présent. Je me sens vivante. J'ai retrouvé une certaine sérénité, voire légèreté.

J'ai pris un peu de distance avec François, je lui laisse de l'autonomie. Mais je lui montre que je suis toujours là pour lui, toujours à l'écoute et j'essaye au maximum de me rendre disponible pour lui quand il en a besoin.

Une nouvelle vie s'ouvre à nous. Il va nous falloir un peu de temps pour trouver nos marques l'un et l'autre. Respecter chacun, l'espace vital et personnel de l'autre. Couper le cordon que l'on avait rétabli le 23 octobre 2006 et qu'il est nécessaire de couper aujourd'hui. Tout en laissant un fil de communication, entre nous. François a besoin d'être rassuré, soutenu, encadré, mais il est indispensable qu'il ressente une certaine indépendance, autonomie. François est un garçon intelligent, fin et plein d'humour. Il est optimiste, il sait que ce n'est qu'une question de temps. Dans quelques mois, il sera guéri, il ne sera plus handicapé.

Et mon avenir est dans la construction d'une relation amoureuse solide et épanouissante. Nous avons bien compris tout cela François et moi. Alors on fait le maximum pour que le lendemain que l'on souhaite chacun soit possible et réalisable. L'amour que l'on se témoigne François et moi est loin d'être enfermant, c'est grâce à la communication, le respect et la confiance que l'on a établie tous les deux.

Il est normal encore aujourd'hui d'avoir des moments de fragilité, de faiblesse, mais le doute n'est pas permis sur notre avenir.

Vivre le présent m'a inspiré un poème que j'ai appelé « Aujourd'hui » :

Aujourd'hui je n'ai plus rien à perdre,
Plus rien qui me désespère,
La vie a repris ses droits,
Je vis le présent comme il se doit.

Je sors de deux années de galères,
De vie mise entre parenthèses,
Au seuil de ce renouveau,
Je reçois l'amour comme un cadeau.

L'amour ne règle pas les soucis,
Mais permet une légèreté dans la vie,
C'est loin d'être une fuite,
C'est une nouvelle conduite.

Je vis dans le présent intensément,
J'ai enterré mon passé déprimant,
Je vis le présent avec sérénité,
Tout en conservant ma lucidité.

Aujourd'hui je me sens légère,
J'ai maintenant le cœur en fête,
Pour en finir avec cette longue maladie,
Qui un jour a frappé mon fils.

Nous allons atteindre la ligne d'arrivée,
Je verrai mon fils enfin libéré,
Cet événement nous le fêterons,
En joignant tous nos cœurs à l'unisson.

Utiliser ce langage permet de dédramatiser. Un peu de poésie dans notre vie, c'est un peu de soleil après la pluie.

Chapitre 11.
Début des derniers kilomètres

Le long marathon est déjà bien entamé, nous avons fait face à la leucémie, François est en rémission, plus que six mois de chimiothérapie per OS tous les jours (sous forme de comprimés par voie buccale).

Nous avons appréhendé le handicap de François (handicap provisoire), nous nous sommes adaptés à cette situation nouvelle et nous avons surmonté les difficultés, voire l'hostilité de certaines personnes.

La plus grosse difficulté reste la mémoire immédiate toujours défaillante, bien qu'elle s'améliore. C'est le plus usant au quotidien, car je dois tout superviser tout en laissant François gérer avec son carnet de bord, son calendrier, son semainier. C'est un jeu de piste. Téléphoner à droite, à gauche pour cadrer François. Les surveillants de son lycée sont remarquables, dévoués, ils vont au devant de mon fils, chercher tel papier, informer la classe et s'occuper des photocopies des cours ratés lorsque François est absent. Les professeurs et les élèves sont très coopérants, cela fait chaud au cœur.

François a eu une rhino-pharyngite, rien de grave pour un individu normal, mais lui avec ses deux cent lymphocytes (donc des défenses très réduites par rapport aux virus), cela lui a valu de s'absenter huit jours.

Pas de cortisone possible, donc mis sous antibiotiques pour éviter les complications. François reprend huit jours après complètement démoralisé, il craint de ne plus pouvoir suivre. J'avoue que j'ai le moral entamé, car stressée déjà par ces huit jours de maladie où il faut surveiller la température, voir si cela ne dégénère pas.

Premier jour de reprise, on parle avec sa professeur d'économie, remarquable de gentillesse. Elle remonte le moral de François et du coup le mien va mieux. On a pu réviser un peu le contrôle de maths et finalement François semble assez content. Tout cela me fait dire que l'équilibre psychologique de François est fragile et sa santé aussi. Rien n'est acquis, rien n'est gagné. Il ne faut pas relâcher nos efforts dans les derniers kilomètres de ce long marathon.

Demain examen clinique de sa hanche. Il faut que l'os nécrosé revive, après la double autogreffe de juin 2008. J'espère que les nouvelles vont être bonnes. Si c'est le cas, cela va nous rebooster le moral, on en a besoin. Deux années qu'on se bat c'est long, le physique et le moral sont atteints, même si nous sommes des battants et que nous sommes optimistes, nous sommes fatigués aussi psychologiquement. Le papa de François, Victor qui ne vit pas avec nous, fait son maximum pour nous aider, mais on se sent un peu seuls tout de même dans le quotidien.

J'héberge en ce moment un étudiant et une jeune comptable âgés respectivement de vingt et vingt-cinq ans, Pascou et Lili. J'ai eu une bonne idée, d'abord sur un plan financier, ils m'aident à payer les charges, mais surtout ils apportent de la vie dans cette maison. Ils nous évitent de tourner en rond François et moi. Ils ont du recul, un regard neuf, ils sont jeunes, sympathiques, pleins d'entrain. Ils nous font du bien. François a trouvé en eux deux grands amis, ils le boostent, le titillent, le bousculent un peu. Ca le fait sortir de sa bulle, j'aime le voir rigoler avec eux. Il est important de faire entrer des gens dans la maison. Sortir de la bulle n'est pas chose facile pour nos enfants atteints d'une leucémie et de surcroît qui vivent un handicap.

François aimerait se sentir libre, marcher à l'extérieur, bouger. Il est tributaire des autres, dépendant, le contraire de ce à quoi on aspire lorsque l'on est un adolescent de bientôt dix-huit ans.

François est entre deux mondes, celui de l'enfance dans lequel il reste au vu de sa situation et le monde de l'adulte dans lequel il lui tarde de rentrer car il est synonyme de liberté. Le monde de l'adolescence, il ne l'aura pratiquement pas connu, la maladie lui a volé cette période tout juste entamée qu'il commençait à goûter avec délice.

François sera un adulte fort et remarquable, avide de liberté. Ce sera un adulte solide qui va croquer la vie à pleines dents quand cela lui sera permis.

Les derniers kilomètres sont longs et pénibles, mais on entrevoit la ligne d'arrivée se profiler à l'horizon. Je parle de l'avenir à François pour rendre son présent plus acceptable.

Examen chez le chirurgien orthopédique, il regarde les clichés de la hanche avec le sourire. L'évolution est très positive, l'os revit et la tête fémorale se redresse. Cette intervention est une réussite. Je lui dis que le savais, remerciements, serrement de mains chaleureux. Rendez-vous dans trois mois, encore du « béquillage » et un peu de fauteuil roulant et puis la hanche droite sera réparée pour les fêtes. On n'a pas évoqué la hanche gauche, nécrosée aussi mais beaucoup moins atteinte, chaque chose en son temps.

On fête cela au restaurant d'application que nous fréquentions de façon assidue, l'an passé. Puis un petit tour au centre commercial sans fauteuil roulant et là catastrophe : François se perd, il a oublié mes consignes, mais heureusement nus avons nos téléphones portables. Cela démoralise beaucoup François qui se rend compte qu'il est perdu tout seul. J'avoue que cela m'inquiète un peu aussi et me démoralise un peu.

Mais sortir de sa bulle n'est pas aisé. François se dévalorise, il se trouve nul. Il est content de rester à la maison, dans sa bulle. Il va falloir s'armer encore de beaucoup de patience, gardons le moral et notre optimisme, on va en avoir besoin ! Ne pas baisser les bras, ne pas se décourager dans ces derniers kilomètres.

Moi je vais sortir de la bulle et aller me rassurer pour rapporter de l'énergie et de l'air nouveau à mon fils. Ne pas le laisser sur une note négative, l'encourager, lui dire que tout cela est une question de temps, mais il trouve le temps long…

Parfois je me demande combien de temps je vais tenir le coup, ne pas craquer, être un moteur. Je sens tous les proches autour de François fatigués aussi psychologiquement. Il me faut remonter le moral des troupes souvent. Je n'ai pas le droit de baisser les bras, je ne le souhaite pas, mais je me sens pétrifiée moi aussi.

Je prends chaque bonne nouvelle comme un kilo de vitamines pour faire face aux difficultés. Je m'appuie sur les gens de bonne volonté et j'en rencontre. Aujourd'hui le responsable du transport de François en taxi m'a soutenu dans ma démarche, auprès de l'inspection académique. Nous avons téléphoné à tour de rôle et nous avons fini par débloquer la situation et obtenir gain de cause. M. Legrand, on l'appellera, très gentil. Je l'ai remercié très sincèrement pour son aide qui dépasse sa mission. Cela lui a fait chaud au cœur. Il est appelé souvent à aider les familles face aux lenteurs administratives.

Ne jamais oublier de remercier les personnes de bonne volonté qui nous soutiennent et vont bien au-delà de leur mission. Cela me redonne de l'énergie de voir qu'il existe des gens plein d'« Humanitude ».

Chapitre 12.
La conquête de notre indépendance

L'heure va sonner où il va falloir accepter une fin de prise en charge par Santé Service et se débrouiller tout seul. Cela signifie que je vais devoir organiser et gérer tout, seule, sans leur aide. Je me prépare psychologiquement. On ne va plus bénéficier de l'aide ménagère. Je vais devoir faire le ménage seule dans la maison, en attendant de trouver peut-être quelqu'un ? Je devrais vérifier les constantes avec François (température et tension de temps en temps), commander le laboratoire, passer à la pharmacie. Fini le soutien psychologique, ça coûte trop cher à la sécurité sociale une journée de prise en charge, il n'y a plus de soin à donner à François.

D'un autre coté, fini l'hôpital à la maison, plus de passage infirmières, bien qu'elles soient charmantes, fini les questions. Fin de l'intrusion dans notre maison et le début de l'autonomie et de la liberté. On va pouvoir enfin vivre comme des gens normaux.

Je me souviens dans les débuts de la prise en charge, de ce défilé permanent d'intervenants, le rez-de-chaussée était transformé en hôpital et l'hôpital à domicile porte bien son nom. Mais c'est une organisation remarquable, un travail d'équipe avec la famille. Nous avons œuvré main dans la main dans l'intérêt de François. Tout le personnel soignant de Santé Service est remarquable, dévoué, ils vont en général bien au-delà de leur mission. Ils ont un rôle de soutien primordial. C'est une aide vraiment précieuse mais évidemment un peu invasive.

Je les ai appréciés, tout comme eux aussi ont apprécié mon attitude positive et coopératrice. J'étais le maillon de transmission, de contrôle et de supervision. Il est important de bien cadrer, organiser et contrôler. On gagne un temps précieux et on évite bien des écueils.

Merci à toute l'équipe de Santé Service, infirmières, médecin coordinateur, aides ménagères, psychologues, vous m'avez aidé à garder le cap. Je crois que j'ai fait mon maximum par mon travail d'organisation pour vous faciliter la tâche, vous m'avez encouragé dans ce sens et même parfois, félicité.

Tous ces intervenants extérieurs lorsqu'ils vont au-delà de leur mission et c'est souvent le cas, sont d'une aide précieuse. Ils sont un soutien psychologique, une porte ouverte vers l'extérieur, une écoute. Ils ne se contentent pas de donner des soins. Le cadre infirmière, madame Ladouceur, a une écoute de qualité, elle tient compte de ma situation personnelle, mon aptitude à gérer seule François, elle prolonge la prise en charge jusqu'à ce que je sois prête. Merci madame Ladouceur pour votre attitude rassurante. Je me sens prête maintenant à me passer de vos services et j'espère ne pas avoir encore besoin de faire appel à vous, bien que vous m'ayez informée que l'on peut à tout moment refaire une prise en charge en cas de besoin.

Au moins au début de cette prise en charge, il est bien entendu important de bien accueillir toute cette équipe et aussi de bien comprendre le fonctionnement qui est un peu complexe entre le patient, les proches, les hôpitaux et les intervenants extérieurs à Santé Service. Au début tout le monde s'y perd, même les hôpitaux. Quelques tensions parfois entre l'hôpital à domicile géré par Santé Service et les deux hôpitaux où est parfois accueilli François.

Madame Ladouceur a pris la peine de bien m'expliquer la façon de procéder et il est bien de s'y tenir pour le bon déroulement des choses. Vous vous doutez que l'organisation globale étant complexe, il est indispensable que le proche s'occupant du patient au quotidien, en l'occurrence moi, la mère, supervise et contrôle tout. Alors ce sont des coups de téléphone tous les jours pour vérifier que l'information est bien parvenue à destination. Il est important aussi que les intervenants comprennent que ce n'est pas dans un hôpital qu'ils pénètrent, mais dans une maison. Parfois à cause de leur surcharge de travail, ils oublient un peu. Au début j'avais l'impression que je n'étais plus chez moi mais dans un hôpital avec ce ballet incessant d'intervenants prodiguants les différents soins à mon fils. D'un autre coté, psychologiquement, on avait besoin de leurs visites, de leur soutien. Un mot gentil, souvent bon courage !…

Le courage est une qualité que l'on a intérêt à développer, réserve inépuisable, comme l'amour dans lequel il faut puiser pour continuer le combat. Persévérance, ténacité et surtout optimisme.

Il est important que le patient, surtout un enfant ou un adolescent, voit de l'espoir au fond des yeux de la mère. Aller craquer dans son coin, pleurer un bon coup est nécessaire parfois pour vider le stress. Mais revenir avec le sourire et la foi. Je prenais parfois François dans mes bras quand je le sentais déprimé et je lui disais : « tu as le droit de pleurer, de crier, d'être en colère, car ce n'est pas normal ce qui t'arrive, ce que tu vis à ton âge ».

Donner l'autorisation à son fils de craquer, hurler son désespoir, le vider de son stress. Tout en le rassurant, lui parler de l'avenir, c'est envisager qu'il y a un lendemain possible et de préférence l'envisager radieux et encore meilleur car tout ce qui ne tue pas renforce !

Je lui disais, mon fils quand tu vas être guéri, tu ne vas pas t'embêter avec des bêtises dans la vie, tu vas aller à l'essentiel. Tu seras un adulte fort qui ne verra que le bon coté des choses. Je me rends compte que je ne supporte plus les gens avec leurs petits soucis. Moi aussi je vais à l'essentiel.

Je n'ai pas supporté mon mari dont je divorce avec ses problèmes de travail et ses problèmes existentiels. Je dirai son nombrilisme. Combien de fois je lui ai dit : « regarde François, tu n'as pas le droit de te plaindre, de te laisser aller ». Je pense que lorsque l'on vit une telle situation, soit le couple en sort renforcé, soit le couple éclate. Dans notre cas il ne pouvait que se disloquer, car mon mari était quelqu'un de trop égocentrique et lui-même dans une problématique très complexe. Heureusement, ce n'est pas le père de François. François a été soulagé lorsqu'il est parti définitivement, car il alourdissait notre quotidien. On n'a pas besoin de gens pour vous tirer vers le bas dans une telle situation.

Il faut couper les liens avec les boulets et les parasites et se tourner vers les gens positifs et altruistes. François et moi avons conservé une attitude positive et ouverte. J'ai fait le maximum pour éviter l'enfermement, que l'on conserve une vie sociale. Ceci est primordial !

A ce titre, d'avoir ouvert notre maison à deux étudiants est très porteur pour François et moi, cela nous bouscule et nous aide psychologiquement à sortir de nous-mêmes et à nous comporter comme des gens normaux. Le but est tout de même de ne pas s'éloigner de la normalité, mais la tâche n'est pas facile, il faut beaucoup de volonté.

Avant de quitter Santé Service, on peut peut-être faire le bilan de l'hospitalisation à domicile (HAD). Ma vie a été complètement chamboulée par la maladie de mon fils et l'organisation nouvelle de la maison en une sorte d'hôpital. La leucémie est une maladie isolante, enfermante. Il m'a fallu trouver un équilibre entre le soutien matériel, médical, soignant, psychologique apporté par l'HAD et le ressenti intrusif de tous ces intervenants à la maison autour du malade. Mais c'est tout de même plus agréable d'être à la maison qu'à l'hôpital. Il faut arriver à garder une âme à son espace privé, sans que cela devienne complètement un hôpital. C'est important pour essayer de vivre une vie la plus proche de la normalité et oublier un peu la maladie, c'est difficile mais on peut y arriver.

Le personnel de l'HAD est compétent et bien formé. Ce sont en général des gens discrets, psychologues et à l'écoute. Il est important que le ou les proches travaillent avec eux main dans la main, c'est un travail d'équipe. Mais au bout de deux années, je me sens épuisée, car c'est beaucoup de responsabilité pour le poche du malade de vivre une HAD, on est un peu le chef de service si on prend au sérieux son rôle et que l'on s'implique complètement.

Je pense qu'il faudrait tout de même au départ prendre un peu plus de temps pour expliquer le fonctionnement de l'HAD et la coordination avec les hôpitaux de référence. Bien que ce ne soit pas la priorité au départ et que l'on se trouve assez désemparé par rapport à la maladie. Cela peut éviter des dysfonctionnements et des incompréhensions. L'HAD est vraiment une aide précieuse pour le malade et ses proches. Félicitations à Santé Service et merci à toute l'équipe.

Chapitre 13.
Ne pas craquer avant la ligne d'arrivée

Pourquoi cette fatigue, ce malaise, ce mal être qui revient tous les jours ? Deux années de combat, être toujours au front et y être souvent seule, bien que parfois accompagnée de Victor, le papa de François. Ce sentiment d'angoisse au quotidien, peur de ne pas tenir jusqu'au bout, car je suis fatiguée physiquement et psychologiquement.

J'ai beaucoup de responsabilités sur les épaules, gérer la maison, mon travail, superviser tout ce qui concerne François : sa santé, ses rendez-vous, ses médicaments, sa tenue vestimentaire, le lycée, le taxi qui l'accompagne au lycée, son code de la route, ses repas. Prendre contact avec ses copains car il ne le fait pas de lui-même. En fait, je suis le lien social qui le relie au monde extérieur, car il est un peu perdu dans ce monde extérieur, lui qui vient de passer deux ans dans une bulle protectrice.

Le plus lourd à gérer c'est sa mémoire immédiate qui n'est toujours pas fiable. Trouver un équilibre entre lui permettre de reconquérir une certaine indépendance et contrôler qu'il n'oublie pas les choses importantes. Le rassurer tous les jours, lui montrer qu'il est capable de s'en sortir, car il n'hésite pas à se traiter de nul, d'imbécile, d'incapable.

Mais qu'est-ce qui me fait tenir ? C'est mon esprit combatif, persévérant, tenace, mon optimisme à toute épreuve. François est un miraculé, il devait mourir, je savoure tous les jours le bonheur de le voir en vie.

Il y a quelques jours il a exprimé quelque chose de dur à entendre : « à quoi ça sert de m'avoir sorti de cette maladie pour mener la vie que je mène » ! Il n'avait pas le moral du tout. Il veut revivre une vie normale, marcher normalement, sortir, bouger avec ses copains, arrêter de faire attention aux microbes. Il veut se sentir normal. Il perd patience, c'est long deux ans pour un adulte, c'est encore plus long pour un adolescent.

Alors je lui parle de cet avenir qui s'approche, cet avenir porteur de normalité. L'été prochain qu'il pourra sûrement envisager avec ses copains. Au bout de deux semaines, je vois à nouveau un sourire sur son visage, je lis l'espoir dans ses yeux, il va beaucoup mieux. Paradoxalement, je me sens vidée, car j'ai déployé beaucoup d'énergie. Alors il est là, nécessaire d'aller se ressourcer. Je me ressource au boulot, dans ma boutique, j'organise des expos et je me ressource dans les bras de mon amoureux qui me donne son amour sans compter. Enfin quelqu'un qui prend soin de moi, une épaule réconfortante, un être aimant et que j'aime.

Le miracle de l'amour. J'ai de la chance de l'avoir rencontré. Je me laisse du temps personnel pour moi et cette nouvelle relation qui m'épanouit. Je ne veux pas vampiriser cet homme qui m'aime, j'essaie de lui apporter à mon tour toute l'attention qu'il mérite. Il me motive, je me suis remise au sport, j'écris des poèmes, envisage un avenir possible avec lui. Envisager un avenir qui chante. Bien sûr, il faut arriver à tout canaliser, ma vie personnelle, François, mon travail, la maison.

Je crois qu'il faut accepter de ne pas être « wonderwoman ». Accepter de se sentir fatiguée, parfois déprimée, craquer parfois, on a le droit de craquer ! Dans ces moments là je pense souvent à ma maman décédée il y a trois ans, si forte, si courageuse et généreuse. Toujours prête à aider son prochain. J'ai l'impression qu'en partant, elle m'a léguée sa force en héritage. Je suis triste de son absence, mais l'exemple qu'elle m'a laissé me pousse à ne pas la décevoir. Je sais qu'elle serait fière de moi, de ce combat que je mène sans relâche, je perçois ses encouragements. Bien sûr qu'elle aurait été à mes cotés, mais elle n'a pas déserté mon cœur et mon esprit, je la sens très présente et cela m'aide beaucoup. Rester digne, ne pas courber l'échine, garder la tête haute et avancer. Merci maman pour l'exemple que tu m'as donné, j'essaie d'être aussi forte que toi. Il me reste les encouragements de mon père qui me dit parfois, ta mère serait fière de toi. Mon père est devenu mon père mère, il perçoit parfois mon désespoir, il l'écoute, il l'entend et avec quelques mots il me remet sur les rails. Il me fait confiance. Je n'ai pas le droit de le décevoir, alors j'avance pas à pas vers cet avenir meilleur qui me tend les bras.

Chapitre 14.
Incident de parcours

Samedi soir vingt-trois heures, François a un malaise chez un copain, crise convulsive. Il est transporté par les pompiers jusqu'à l'hôpital de Pontoise. François est traumatisé, il a cru mourir, il est très fatigué et angoissé. Je ne cède pas à la panique, mais tout ceci me rappelle nos moments noirs. J'essaie de garder la tête froide, de ne pas perdre le cap. Ecouter François, le rassurer.

C'est reparti pour une hospitalisation et plein d'examens. L'électroencéphalogramme pratiqué le lundi confirme la crise convulsive. Un traitement est démarré le mardi. Le neurologue passe nous voir et nous explique qu'il y a deux catégories de personnes : celles qui construisent leur vie autour du handicap et les autres qui occultent le handicap et font comme si tout était normal, on fait partie de la deuxième catégorie.

Il nous parle de handicap invisible. Il est évident que le handicap visible consécutif à l'intervention chirurgicale de la hanche de François, nous a fait peut-être oublier le reste. Il nous rappelle que François a eu six lésions cérébrales, qu'il y a un avant et un après bref, que rien ne sera plus comme avant ! Il va falloir appréhender le handicap invisible…

Pourtant il était très optimiste avant la rentrée scolaire ? Il a donné le feu vert à François pour reprendre le cours à temps plein, passer le code, mais voilà, sûrement que François n'a pas été à l'écoute de sa fatigue, il a forcé sans compter, ne voulant plus perdre de temps. On lui a donné le feu vert, il n'a pas su se mettre des stops par moments.

Il va falloir qu'il soit maintenant plus à l'écoute de sa fatigue, mais c'est qu'il n'en a pas envie…

Maintenant professeur Tournesol n'est plus sûr de rien, il nous parle même d'aide psychologique nécessaire. A ma question : est-ce que François va pouvoir suivre une scolarité normale ? Il ne sait plus. Il est honnête au moins. Après son départ, nous sommes un peu sous le choc et démoralisé. Alors je prétexte qu'il faut que j'aille manger dans la salle des parents, pour aller pleurer un bon coup et laisser craquer François.

Quand je reviens, on va faire une ponction lombaire à François, on venait me chercher car mon fils à besoin de ma présence. Le gaz hilarant ne suffit pas, c'est douloureux une ponction lombaire et il a besoin de ma main dans la sienne, son regard plongé dans le mien. Il est courageux et digne comme toujours.

Pour le moment la priorité est à la récupération, puis François sort le lundi et est heureux de retrouver sa maison, moi aussi je suis soulagée de le voir revenir. Il faut que François se donne le temps, je pense qu'il a compris le message. Mais je veux qu'il reste maître de sa vie. Je suis là pour le rassurer, le guider, lui donner des conseils, mais je ne veux pas lui dire ce qu'il a à faire, lui poser des interdits. François va avoir dix-huit ans, c'est un adulte responsable et mature. Nous allons laisser le code de coté. François reprendra le lycée après les vacances de la Toussaint, à son rythme. Dans dix jours, il ira à l'anniversaire de son copain, il sera raisonnable.

Il a eu très peur, il n'a pas envie d'avoir une autre crise convulsive. Je lui fais confiance, il n'est pas question de le maintenir dans une bulle. La vie est une prise de risque à tout instant. Il est évident que François est plus exposé qu'un autre, mais il n'est pas question de l'empêcher de vivre ce qu'il à envie de vivre, il doit continuer son chemin et en être le seul maître.

Je suis confiante, je reste lucide mais toujours optimiste et encourageante par rapport à François. J'ai confiance en lui. Bien sûr que je veillerai au grain, mais avec une certaine distance nécessaire au bon équilibre de chacun.

Retour à la maison ; François ne va pas au lycée, il récupère. En fait, je me rends compte que nous avons perdu à nouveau nos repères, on ne sait plus de quoi sera fait demain. François vit le jour le jour, il prend les choses avec philosophie. Je me rends compte que je suis angoissée par le manque de perspectives. J'ai perdu mon punch, je suis pleine d'interrogations, sans réponses. Je me sens déprimée et pourtant j'ai décidé d'avancer, alors je mets un pied devant l'autre en affrontant chaque journée comme un jour nouveau.

François me dit, le sort va bien s'arrêter de s'acharner sur moi. J'espère qu'il a raison, car cela commence à faire beaucoup depuis deux ans. Dans deux jours notre petite étoile, ma nièce vient nous voir quelques jours, notre coach depuis le départ, je pense que cela va nous faire du bien. Elle a senti la nécessité de venir. Merveilleuse étoile qui sent notre désarroi et qui sait être présente quand il le faut. Il était grand temps que tu viennes, car je me désespère.

Je suis épatée par la façon dont François appréhende cet incident de parcours. Je l'ai invité au restaurant pour rompre la monotonie, je lui ai avoué que j'étais déprimée par la situation et le manque de perspectives. C'est lui qui m'a rassurée en me disant, on verra bien, je vais reprendre le lycée, si ça marche tant mieux, sinon j'envisagerai autre chose. Il était serein, me réconfortant en me déclarant j'arriverai bien à faire quelque chose de ma vie. Cela m'a reboosté, je suis très admirative devant autant de courage et de dignité. François s'adapte à chaque situation nouvelle en rebondissant chaque fois. Alors l'optimisme m'envahit de nouveau et je redeviens sereine.

C'est dur ce que l'on vit au quotidien, mais nous gagnons beaucoup en qualité de relation. François est un être exceptionnel, j'ai de la chance de partager sa vie et malgré les difficultés, nous refusons tous les deux de tomber dans la médiocrité.

Bravo François, tu es un exemple à suivre ! Bien des gens devraient venir faire un stage tes cotés, ils appréhenderaient la vie autrement ensuite.

Chapitre 15.
Avoir toujours un rêve devant soi

Avoir un rêve devant soi permet de mettre un pas devant l'autre lorsque la réalité devient difficile. Je formule le rêve que François guérisse et qu'il ait une vie qui lui convienne. François a repris le lycée hier et le code il y a quelques jours (huit fautes), il avance. Ne surtout pas l'enfermer dans une voie de garage.

On n'occulte pas le handicap invisible, on l'apprivoise. François sait maintenant qu'il doit s'écouter et moi, je lui fais confiance ; je le laisse libre de ses choix et de ses décisions, tout en restant un guide.

Je suis en pleine organisation d'une nouvelle exposition après une période de doutes ; vernissage dans huit jours, tout est en place. Il faut que ce soit une réussite pour me rebooster, j'y crois. Cela fera plaisir à François, car il va être présent au vernissage. Je veux qu'il revoit briller mon regard, je veux qu'il me revoie pétiller dans ma galerie, entourée d'œuvres que je trouve excellentes et d'un artiste que j'affectionne particulièrement. Mon amoureux tiendra le bar, mes trois enfants seront là. La presse est convoquée, une journaliste très sympathique qui m'a toujours soutenue, un grand merci à elle.

Il faut que ce soit la fête le 14 novembre, samedi soir François va chez sa sœur passer la soirée, accompagné de son frère aîné. Mes trois enfants réunis pour partager, une chose qui peut sembler banale à beaucoup, moi je savoure cet événement.

Etre bien conscient que l'évolution est positive, malgré les incidents de parcours. François complice d'une soirée avec son frère et sa sœur aînée, c'est arrivé, alors tout peut arriver. Les deux samedis précédents, François a été invité à deux anniversaires chez ses copains, cela s'est très bien passé.

Ma nièce, miss étoile est montée nous voir, elle a le permis maintenant. Le vendredi soir, elle est partie en voiture avec François, ils ont passé la soirée à Paris ! Et pas à l'hôpital saint Louis, non, au restaurant avec un copain. Tous ces événements positifs nous ramènent à la normalité. Nous avons repris confiance en la vie François et moi tout en restant lucide, on vit le présent au mieux et on commence à formuler des projets. Peut-être que François pourra envisager de partir en vacances avec ses copains, un peu cet été, pourquoi pas ?

Se projeter dans l'avenir permet de s'ancrer dans le présent, se sentir plus vivants, le vivre plus intensément, car demain sera encore meilleur.

J'aimerais me protéger dans l'avenir avec mon amoureux, j'ai essayé, mais lui ne le souhaite pas. Il vit au présent, il ne se projette pas dans l'avenir. Comme on a basé notre relation sur le respect, il va bien falloir que je respecte cela. Ne plus l'embêter avec mes rêves d'avenir où je me voyais à deux construire notre nid d'amour, trouver la maison de nos rêves ou la construire. Tout partager, même le quotidien. Je suis amoureuse, je me surprends à avoir envie de tout partager avec celui que j'aime. Je sais que c'est trop tôt, qu'il faut que la situation de mon fils évolue. Mon présent est lourd, trop de responsabilités à endosser toute seule, mon fils, la maison, ma boutique. Le présent de mon amoureux est beaucoup moins lourd, il est libre, il ne vit plus avec son fils, il a arrêté de travailler. Il peut consacrer du temps à des passions (la course à pieds, la peinture), avoir du temps pour s'occuper de sa maison, jardiner. J'aime aller le voir chez lui, il s'occupe de moi, me consacre du temps, me cuisine des petits plats, il est attentionné, aimant.

Tout cela enjolive mon présent, j'ai du mal à le quitter et à retourner chez moi. Aujourd'hui, j'ai compris pourquoi, c'est parce que je retourne seule affronter mon quotidien pesant où je dois être seule sur tous les fronts. En fait, je crois que cela m'angoisse car j'ai toujours peur de ne pas être à la hauteur, personne pour m'aider, je ne dois compter que sur moi-même. Mais je me ressource auprès de mon amoureux, chez lui, donc je dois utiliser cette énergie emmagasinée, pour mieux faire face à mon quotidien.

Je n'ai pas d'autre choix que positiver, sinon je vais gaspiller mon énergie et il m'en faut beaucoup encore car le marathon commencé le 23/10/2006 n'est pas terminé. Je dois continuer à gérer seule ma situation avec mon fils, continuer à cloisonner si je veux préserver ma relation amoureuse. Ne pas oublier que mon rêve principal doit rester celui de gagner ce long marathon avec mon fils, l'aider à trouver sa voie et une vie décente qui lui convienne.

Je vais sûrement céder la responsabilité de ma boutique à mon fils aîné, il le souhaite. Cela va me permettre de souffler tout en poursuivant auprès de lui, en organisant les expositions, c'est une excellente idée. Quant à mon avenir personnel, je crois qu'il faudra l'envisager plus tard. Je peux toujours rêver, mais il ne faut pas que j'oublie de rester lucide, ce n'est que du rêve, c'est légitime de rêver à une vie meilleure, plus cool, plus clémente, avec des responsabilités partagées. Mais il faut aussi que je me fasse à l'idée que je continuerai peut-être seule si c'est le souhait de mon amoureux ou si cette relation devait s'arrêter un jour…

Il est nécessaire que je m'ancre plus dans le présent, même si parfois il me fait peur et surtout que je respecte les positions de celui que j'aime, sinon je vais tout perdre et j'en serai fort attristée car cet amour partagé est un soleil dans ma vie présente. Il faut que j'arrête de rêver pour deux, c'est stérile et frustrant de rêver seule pour deux et cela peut devenir un repoussoir pour l'autre. Alors je rêverai plus tard peut-être… à deux, s'il le souhaite. Fin de ce chapitre, retour dans la réalité des choses et des gens.

Chapitre 16.
Trouver la bonne mesure

J'ai passé presque deux ans, focalisée sur la maladie de mon fils, ma vie personnelle mise entre parenthèses. L'amour s'est présenté à moi et j'ai voulu croquer la vie à pleines dents durant trois mois. J'avais l'impression d'une sortie de prison, j'étais enivrée par tant de bonheur qui s'offrait d'un coup à moi. Cela est légitime, mais peut-être effrayant pour l'autre. Il faut également arriver à prendre de la distance, un peu de recul par rapport à tout ce qui tourne autour de mon fils, sinon je suis dans le stress en permanence. Ca arrange beaucoup de personnes de voir une mère ou un parent, tout contrôler, gérer en permanence, mais c'est épuisant et on se retrouve phagocytée.

Alors essayer de trouver la bonne mesure, le bon tempo, c'est possible à condition de mettre de la conscience dans tous les actes, c'est ce que je m'évertue à faire aujourd'hui. Donner à chacun sa place légitime, ne plus sans cesse trop investir tout ce qui concerne la vie de François, mais tout en restant impliquée. Je suis déléguée des parents d'élèves de la classe de mon fils, j'ai assisté au conseil de classe. François est bien intégré, pas évaluable car quatre semaines d'absence ce trimestre, mais les résultats obtenus sont corrects. Son professeur principal m'a dit que François était un être exceptionnel et que sa présence avait un impact positif sur la classe. C'est agréable à entendre.

J'ai discuté dans le couloir avec les élèves, François était assis au milieu d'eux, un élève m'a dit qu'il était magnifique. J'ai trouvé François détendu. Il s'est exprimé devant les professeurs en disant qu'il se sentait bien intégré et qu'il n'avait rien de spécial à dire. Il a trouvé lui, je pense, la bonne mesure. Je le trouve serein.

Il est évident que le fait d'avoir un amoureux, m'ancre dans le présent et me le fait apprécier à sa juste valeur. J'ai une vie personnelle. On dialogue, il m'aide à me positionner par ses remarques pertinentes. Je ne me réveille plus avec la boule à l'estomac, j'ai retrouvé une sérénité, une joie de vivre et mon optimisme tout en demeurant lucide.

Je pense que mon fils aîné va reprendre la responsabilité de ma galerie d'art. Je suis en train de le former, l'idée me plaît beaucoup. Il est vrai que les derniers temps je croulais sous trop de responsabilités non partagées, cette perspective m'allège. Ca me permet également de m'occuper de mon fils aîné, le valoriser. Je dialogue davantage avec ma fille, j'ai passé une soirée avec elle et ma petite fille, je m'ouvre à mes autres proches, trop focalisée sur François jusqu'à présent.

Chaque jour qui se lève ne se relève pas forcément beau dans un premier temps, au vu de la situation qui est la nôtre. Ce n'est pas évident lorsque je me réveille plein de doutes, je sais tout ce qui m'attend, je sais qu'il y a une part d'inconnu, qu'il peut encore surgir un incident de parcours. Je suis généralement dans un état d'anxiété plus ou moins prononcé au réveil. Je pourrais me laisser aller à la déprime, parfois je n'ai envie de rien. Alors à ce moment là, le mental entre en jeu. D'abord quelques étirements, quelques respirations relaxantes et je décide que ce nouveau jour qui se présente à moi va être beau.

Positiver, je n'ai pas d'autre choix, c'est mon moteur, il ne faut pas qu'il tombe en panne. Quand je peux, petit footing avec ma petite chienne Samba pour me dynamiser et relâcher les tensions et puis j'organise la journée.

François a fêté ses dix-huit ans ce week-end. Samedi soir avec ses amis et sa cousine miss Etoile, toujours présente pour les moments importants. J'ai laissé François organiser son anniversaire, je me suis éclipsée. Quelle joie le lendemain matin en rentrant de le voir heureux, j'ai regardé les photos de la soirée, c'était super. Le dimanche soir, nous avons fêté ses dix-huit ans au restaurant chinois qu'il affectionne tant, deux de ses amis sont venus. La fête terminée, il m'a serrée dans ses bras en me disant : « j'ai dix-huit ans mais tu es toujours ma mamounette ».

Il est heureux d'avoir passé un très bon week-end, de voir que ses amis sont toujours présents. Ils ont formulé quelques projets de vacances pour dès que ce sera possible. Il est important de se projeter dans l'avenir. D'abord cela signifie qu'il existe, ensuite on le remplit de choses agréables à vivre. Un avenir meilleur que le présent, cela n'empêche pas de vivre le présent au mieux, cela est un moteur. Nous sommes dans le présent, nous le vivons le mieux que l'on peut. Nous essayons de trouver la bonne mesure, la bonne enjambée qui permet de mettre un pas devant l'autre vers un avenir qui ne peut être que radieux.

Chapitre 17.
Les premiers pas

Il y a six mois, 12 juin 2008, François a subi une intervention chirurgicale sur la hanche droite (greffe d'os spongieux et de moelle osseuse). Depuis François est sur un fauteuil roulant et a le droit de béquiller à l'intérieur de la maison depuis trois mois.

Vendredi premier décembre, nous commençons par faire des clichés radiographiques du bassin coté droit et gauche. Ensuite avec les clichés nous nous rendons à la consultation du chirurgien orthopédique qui a pratiqué l'intervention le 12/06/08. Le médecin examine les clichés attentivement, évolution très positive nous dit-il. Examen des deux hanches, pas de douleur. Alors il dit à François : « tu peux marcher ! Tu n'as plus besoin du fauteuil roulant, tu peux essayer de marcher sans appui ». François n'ose pas. Je sais qu'il faut qu'il essaie devant le chirurgien, sinon il ne le fera pas à la maison. Alors son père et moi nous lui tendons les mains et nous l'encourageons à marcher. Ce n'est pas évident, mais François se lance, tout le monde est ému, j'ai la gorge serrée, j'ai l'impression d'être projetée dix-sept ans en arrière : mon fils refait ses premiers pas, quel bonheur !

Avec nos encouragements, il nous lâche et va jusqu'à la porte et revient, François marche ! Deuxième bonne nouvelle, on reverra le chirurgien dans trois mois et en l'absence de douleur, il ne pratiquera pas d'intervention sur la tête fémorale gauche qui semble être moins nécrosée.

Après avoir chaleureusement remercié le médecin, nous repartons le cœur en fête. François doit utiliser les béquilles à l'extérieur de la maison et au lycée, pour les escaliers. Nous arrivons à la maison et nous posons les béquilles dans l'entrée. Jour après jour, François fait des progrès, reprend confiance, marche de mieux en mieux.

Aujourd'hui, 21 janvier 2009, François ne ressent pas de douleur. Je suis optimiste, je pense que dans un mois et demi le diagnostic du chirurgien, après avoir refait des radios, sera aussi positif

Les premiers pas effectués le premier décembre sont chargés de symboles. Ils représentent comme pour un petit enfant de un an qui commence à se lâcher, les premiers pas vers l'autonomie.

Il va nous falloir environ un mois pur se réadapter et laisser à François reconquérir son espace de liberté. Etre toujours dans la bonne mesure, ce n'est pas si facile que cela.

Je suis partie huit jours en vacances pour la fin de l'année. J'ai décidé de ne pas emporter mon téléphone portable. Je laisse juste les coordonnées de l'hôtel dans lequel je me trouve à Fuerte Ventura au papa de François. Il faut que je prenne du recul, que je me déconnecte. Je pars bien sûr avec mon amoureux. Quel bonheur cette semaine, j'arrive à laisser toutes mes charges et mon lot de responsabilités multiples et variées. Je me retrouve enfin et peux savourer cette semaine avec mon amoureux, à sa juste valeur. Je me rends compte qu'une semaine c'est très court, j'ai accumulé beaucoup fatigue et de stress depuis plus de deux ans.

Retour à la réalité, j'organise une septième exposition dans ma galerie d'art pour le 16 janvier 2009. Vernissage réussi, beaucoup de monde, François arrive avec son frère aîné Julien, il entre dans la boutique sans béquille, affichant un large sourire, il est heureux. Il écrit dans le livre d'or « on se croirait à la campagne et c'est plutôt agréable.

Les sculptures sont aussi très sympa, j'espère que ce sera encore un succès pour ma maman adorée ». Ensuite nous allons dîner au restaurant, dans une pizzeria comme pour tous les autres vernissages. Cela m'a épuisé de mener de front la responsabilité de cette boutique et le combat contre la maladie de mon fils, mais aujourd'hui je me dis que j'ai fait le bon choix. J'ai refusé de me laisser emprisonner et de cette façon j'ai ouvert la voie à François pour sortir de sa bulle.

Mon fils aîné julien, vingt-huit ans, va reprendre la responsabilité de cette boutique que j'aime tant. C'est un beau cadeau qu'il me fait de me décharger de la responsabilité, tout en me laissant la possibilité de poursuivre mon rêve, continuer à exercer ma passion à ses cotés. Nous allons travailler main dans la main pour développer cet espace. Du coup je suis encore plus présente à la boutique et de ce fait François doit se débrouiller tout seul pour ses repas du midi, les mardis, jeudis et vendredis. Au départ je suis très angoissée, comme à chaque changement de rythme, va-t-il s'en sortir ? Je lui laisse quelques consignes car il a toujours des problèmes de mémoire. Je ne veux pas qu'il ait un sentiment d'abandon surtout ! Toujours le même souci : trouver la bonne mesure. Quelques jours s'écoulent et suis rassurée, François s'en sort très bien.

Encore quelques pas supplémentaires accomplis vers une plus grande autonomie et on en sort forcément renforcés mon fils et moi. Nous sommes en train de reconquérir François et moi, chacun notre autonomie, notre espace de liberté. Nous communiquons, c'est important et c'est ensemble que l'on essaye de trouver la bonne mesure. Moi aussi je refais mes premiers pas vers mon espace de liberté, nous cheminons vers l'indépendance, en nous rassurant mutuellement. Il en ressort beaucoup de confiance mutuelle. Je suis fière et admirative par rapport à François, comme il peut l'être par rapport à moi.

Des petites attentions de sa part, parfois c'est lui qui me prépare mon bol avec couverts et petite serviette pour mon petit déjeuner. Il met la table. Il sait lui aussi être à mon écoute car il n'est plus dans la survie, mais il est en train de s'ouvrir à la vie ! Il a parfois des doutes sur son devenir scolaire et son avenir professionnel, mais au moins aujourd'hui il envisage un avenir, il commence à penser à demain, c'est bon signe. Il est impatient de croquer la vie à pleines dents. Une page nouvelle est entrain de s'ouvrir, j'ose espérer qu'elle va se remplir que de joie et de bonheur. Premiers pas vers un demain qui nous sourit.

Chapitre 18.
Le lendemain qui nous sourit

Deuxième trimestre de l'année scolaire 2008/2009. Extraordinaire, pour la première fois François a suivi une scolarité normale sans absence. Un petit rhume, soigné sans médecin, comme tout le monde avec quelques produits de confort.

François a passé son examen blanc de français, un peu de pression comme un élève normal, il va bien sûr bénéficier d'un tiers temps supplémentaire qu'il n'a même pas utilisé. Quatre heures de composition écrite, le lendemain un oral passé normalement. Tout cela préparé avec grand soin. François gère sa scolarité, il transmet les modifications d'emploi du temps au taxi. Je suis surprise quand j'appelle et que l'on me dit que François a transmis l'information. Cela me permet de lâcher du lest, pas tout d'un coup évidemment, supervision adoucie et à distance. Mon fils prend sa vie en mains et je respecte cette attitude. Je dois avouer que ce n'est pas toujours simple pour moi, encore des moments d'anxiété, voire de culpabilité. Surtout qu'il ne se sente pas délaissé, abandonné à lui-même.

Seule solution, continuer à instaurer un dialogue entre lui et moi et il me rassure, il m'apporte la preuve qu'il assure, il devient autonome et prend de l'indépendance. Il est en train de couper le cordon et j adhère complètement, tout en étant à mon tour rassurante, lui disant que je suis toujours là pour lui, toujours joignable et cela n'importe où.

Evidemment, lorsque son père Victor prend le relais, un week-end sur deux, je peux faire complètement le vide, être complètement rassurée et larguer les amarres. Je me sens un peu seule au front à continuer de gérer tous les rendez-vous qui se multiplient car l'heure des bilans va sonner et c'est assez chargé. Bilan orthopédique, bilan neurologique, cardiologique et gros bilan déterminant à l'hôpital saint louis sur le plan Onco-hématologique et tout ceci au mois de mars. Tous les rendez-vous sont pris. Je continue à être sa secrétaire, son coach et je lui transmets les dates qu'il inscrit sur son agenda, car il a la volonté de gérer tout cela avec moi.

Fin mars, si tout va bien la chimiothérapie s'arrêtera, un soulagement, une énorme avancée. Je garde mon optimisme, mais j'avoue que je suis épuisée car cela fait maintenant deux ans et demi que le combat pour le sauver a commencé et très peu de repos chacun étant retourné dans sa petite vie tranquille. Je mets de la conscience dans tout ce que je vis avec François car je mesure à sa juste valeur la chance que j'ai d'avoir encore aujourd'hui mon fils à mes cotés, mon fils miraculé, un miracle d'amour.

Je garde aussi dans un coin de mon esprit que la partie n'est entièrement gagnée et que donc le pire peu encore arriver. D'où le fait de mettre de la conscience dans tout ce que je partage avec François, ne pas en rater une miette, sans pour cela l'étouffer et le laisser décider de sa vie dans ce qui est possible pour lui. Nous nous interrogeons ensemble sur son devenir. Sa mémoire s'améliorant tout va dans le sens de l'optimisme, nous croyons bien sûr à un lendemain qui chante et à un horizon clément pour nous. Mais sans tomber dans l'angoisse permanente, garder une partie de lucidité au cas où tout basculerait dans l'autre sens, le pire.

Au départ en réanimation à Necker en septembre 2006, je disais si mon fils part, je partirai avec lui, car je ne pouvais accepter l'inacceptable ! Malgré la désapprobation de mes deux autres enfants. Aujourd'hui, je sais que si le pire arrivait, cela serait dur pour moi et les proches de François, mais ce dernier désapprouverait que je ne continue pas à vivre et en plus avec dignité et le mieux possible.

D'autant plus que j'ai un appui formidable de la part de mon amoureux que l'on appellera Karl pour la circonstance. Karl m'aide à prendre du recul, m'écoute, me permet par son attitude aimante et d'écoute d'aller vers la bonne mesure. Il tient à moi autant que je tiens à lui. Il est entré dans ma vie depuis plus de six mois et tient une place importante. Si le pire devait advenir, il est évident que je m'accrocherais, pour mes deux autres enfants, pour mon père, mes proches et Karl, bien que les autres aient pris certaines distances. Ils ont un peu décroché… Pour eux la partie est gagnée, cela leur donne sûrement bonne conscience et leur permet de vivre leur vie tranquillement.

Je veux pour François un lendemain qui lui convienne, une vie qui lui plaise car il à beaucoup de dignité. Pour ma part je ne veux envisager pour moi qu'une vie vécue également avec dignité, auprès de mon compagnon évidemment. Comme me l'a souvent répété mon papa, âgé de quatre-vingt-dix ans et toujours en vie, bien que le cœur un peu fatigué car je pense, éprouvé par tant d'épreuves depuis mars 2005 (décès de ma maman, l'amour de sa vie), je disais donc que mon papa m'a toujours répété : « après la pluie, vient toujours le beau temps ». Alors demain il fera soleil. Mais n'oublions pas que demain nous le construisons aujourd'hui, par la conscience que l'on y met et tout l'amour que l'on peut apporter et partager.

La veille du décès de ma maman, contemplant la mer, ma mère et moi à se cotés, comme un pressentiment j'ai entendu mon père dire à voix haute : « un seul être vous manque et tout est dépeuplé » ! C'est vrai pour lui car il est bien seul et à huit cent kilomètres de moi, même si je l'appelle souvent. Pour ma part je ne suis pas seule, mon compagnon est à mes cotés pour le meilleur et pour le pire (peut-être), car jusqu'à présent je n'ai été aimée que pour le meilleur !

La clef du bonheur est donc un amour véritable, alors quoi qu'il arrive nous connaîtrons un lendemain qui sourit.

Chapitre 19.
En route vers la normalité

Le deuxième trimestre terminé sans incident, François a obtenu 12/20 à son oral blanc de français avec une appréciation plutôt élogieuse et encourageante, un peu de lenteur signalée, c'est légitime. Une note normale pour un élève qui a révisé sérieusement. Ces résultats nous ont vraiment boostés, François et moi, car il est allé à cet examen avec appréhension et était très sceptique sur sa performance.

Premier jour des vacances de février, vacances bien méritées. Pour ma part, je passe le premier week-end en baie de somme avec mon compagnon. Cela me fait du bien, je souffle, portable éteint car François est avec son père. Cela fait un mois que je me donne à fond pour ma boutique dont j'ai cédé la responsabilité à mon fils aîné Julien. Il est le responsable depuis le premier février. Le quatorze février, je constate qu'il arrive à prendre des choses en mains. Il est heureux, il a vendu tout seul son premier tableau, puis une grosse commande d'encadrements d'art et il doit aller voir un client important pour la restauration d'un grand tableau. Il gère tout cela consciencieusement et avec professionnalisme. Je peux enfin respirer, mon fils va poursuivre dans une voie qui me plaît. Je vais rester à ses cotés pour lui transmettre mon savoir et savoir-faire et il va trouver son propre tempo.

Merci mon fils de prendre les rennes car j'étais fatigué, je peux poursuivre mon rêve à tes cotés. Je suis heureuse et fière de lui.

Ma fille aînée, Camille m'a appelée, on doit se voir et ma petite fille Lili me manque. Je l'ai un peu mise entre parenthèses durant ces deux années, complètement accaparée par le combat mené auprès de François.

Je reprends ma vie en main, je me la réapproprie. Comme le fait de son coté François et aussi Julien, très investi dans ce combat auprès de son frère, présent régulièrement. Il a été très affecté, mais je le vois maintenant soulagé. Nous avons vécu un véritable cataclysme qui avait balayé toutes les normes ! Il est indispensable pour chacun d'entre nous de se réapproprier sa propre vie et de cheminer vers la normalité. Ce n'est pas simple parfois, mais pourtant cela est vital. On le souhaite tous, on ne s'est pas laissés enfermer par la maladie La liberté pour chacun d'entre-nous est à portée de nos mains, alors nous les tendons et saisissons cette possibilité d'être enfin libre de choisir notre propre vie. Je dis à François qu'il peut très certainement envisager une semaine avec ses copains pour les vacances de Pâques après l'arrêt de la chimiothérapie et avec l'accord de son médecin référent. J'ai l'impression qu'il ne veut pas mettre la charrue avant les bœufs, il attend les résultats, il verra après. Il est patient, prudent. La ligne d'arrivée se rapproche, il attend d'avoir les résultats de tous ses bilans pour faire des projets et surtout ne pas courir le risque d'être désillusionné. Je le comprends, j'envisage pour ma part de partir huit jours début mai à Djerba avec mon compagnon. François sera seul à la maison. Cela fait tout drôle, ça ne lui fait pas peur, à moi non plus. Son père Victor est joignable et son frère Julien aussi. Je lui ai proposé s'il le souhaite de partager cette semaine avec un copain à lui, c'est envisageable. Il va se gérer entièrement, les provisions seront faites et le taxi assurera les trajets scolaires. François est majeur maintenant. Il revendique son autonomie. Alors, je vais la lui accorder avec bonheur, entièrement à cette occasion. Il fera de plus en plus de choses par lui-même. Je sais qu'il pourra se débrouiller durant huit jours. Je pense qu'à mon retour, si tout s'est bien passé et il n'y a pas de raison, nous serons très certainement enfin dans la normalité !

Je suis en train de réaliser un rêve dans l'instant présent, c'est d'écrire face à la mer dans cet appartement que j'ai acquis l'été dernier, choisi avec François et aménagé avec l'aide de Julien. J'ai toujours eu envie d'avoir un appartement avec vue sur la mer pour écrire et c'est ce que je fais aujourd'hui. Je mets de la conscience dans tous ces instants privilégiés. Avoir un rêve devant soi c'est bien, le réaliser c'est magnifique.

De quoi sera faite ma vie demain, je ne le sais pas, mais si aujourd'hui je la construis avec tous ceux que j'aime, alors pourquoi demain devrait-il m'inquiéter ?

Mon passé récent a été épouvantable, voire inacceptable. Je n'ai aucun pouvoir dessus, tout ce que je peux, c'est ne pas le ressasser, sans jamais l'occulter, car ce que je suis aujourd'hui provient de la façon dont j'ai appréhendé ce passé. Ce qui m'importe maintenant c'est de vivre le présent comme il me convient avec ceux que j'aime qui m'apprécient. Alors dans ces conditions demain devrait être le plus normal possible et pourquoi pas le plus heureux possible.

Comme le disait Albert Camus : « il n'y a pas de honte à préférer le bonheur » ! Pour moi le bonheur c'est aujourd'hui et demain, mais ceci est possible car je ne me suis pas laissée accabler par un passé récent très lourd et plein d'épreuves. Confucius disait : « tout ce qui ne tue pas, renforce » ! Alors aujourd'hui je suis forte et demain je le serai encore plus pour jouir pleinement de la vie, une vie enfin normale où l'amour doit être présent à chaque instant car c'est l'oxygène de la vie.

Chapitre 20.
Avance sur ton chemin

J'ai écrit un poème sur ce thème qui pourrait aussi s'appeler : leçon de philosophie de vie. Je pense à tous ceux qui m'ont aidé dans cette épreuve, je ne les oublie pas, ils restent gravés dans ma mémoire, dans mon cœur et je les remercie.

Aujourd'hui est une charnière pour moi, une porte entre ouverte à la fois sur hier et sur demain. Hier c'est mon passé, c'est mon histoire, la façon dont je l'ai appréhendé, fait ce que je suis aujourd'hui. Je n'ai aucun pouvoir sur le passé, je ne veux me réjouir que des belles choses de ma vie. Ressasser les choses laides de ma vie risquerait de faire de mon passé un mouroir.

Je ne peux qu'accepter tout ce qui m'est arrivée dans cette terrible épreuve. Cela signifie parfois accepter l'inacceptable. C'est pourtant à ce prix qu'aujourd'hui devient un tremplin pour que tous mes lendemains soient vécus comme je le dois, à leur juste valeur. Chaque jour et chaque instant, nous avons notre destinée en mains, alors si nous vivons au mieux notre présent, on ne peut avoir que des lendemains qui chantent. Car demain est un mystère et nul ne sait de quoi il sera fait. Mais c'est aujourd'hui que je construis demain et que je peux faire que demain soit un beau mystère, une belle surprise.

Rien n'est jamais acquis dans la vie, j'ai combattu avec mon fils, sa maladie, je me suis battue pour qu'il vive et le plus dignement possible. Aujourd'hui ce combat n'est pas fini, mais il est moins dur, moins féroce. Aujourd'hui n'est plus gris, car au bout du tunnel, on entrevoit que le soleil qui a déjà pointé son nez va perdurer dans notre vie. Ce soleil c'est l'amour et toute la conscience que l'on met dans ce que l'on vit de mieux aujourd'hui.

Nous vivons le présent, chaque instant comme un cadeau. Nous nous projetons dans l'avenir, aujourd'hui je formule des projets, notamment des projets de vacances, de sorties, de détente. Du plaisir, du bonheur, nous en avons tant besoin. C'est un peu plus difficile pour François, optimiste mais sur la réserve. Il préfère attendre les résultats pour finaliser ses projets, mais il ne fait plus la sourde oreille tout de même quand je lui en présente.

Pour les vacances de février il préfère rester tranquille à se reposer pour attaquer en forme le troisième trimestre ! Pour les vacances de Pâques, après tous les bilans, bilans qui devraient être porteurs de bonnes nouvelles. Le mercredi 13 avril à neuf heures nous serons dans le cabinet du docteur Thiblanc, pour une consultation et les résultats de tous les bilans faits. Nous avons prévu à neuf heures trente de partir en voiture direction le sud pour huit jours de vacances accompagné de mon amoureux et nous porterons les bonnes nouvelles à ma famille qui vit dans cette région. Nous fêterons la guérison de François.

Chapitre 21.
Mars 2009, le mois des bilans

Premier bilan : le 9 mars conseil de classe du deuxième trimestre. En tant que déléguée des parents d'élèves, j'assiste à ce conseil. François va être évalué à sa juste valeur puisqu'il ne s'est pas absenté ce trimestre. J'y vais avec une certaine appréhension car François a eu 4,5/20 au bac blanc de Français, à l'écrit. Ceci l'a découragé, il parle de tout arrêter. J'appelle le proviseur adjoint à ce sujet pour rappeler que mon fils à obtenu lors de la dernière réunion un quota de douze heures de français pour le préparer au bac, du fait de ses six semaines d'absence au premier trimestre. J'informe que François est découragé, qu'il faudrait mettre en place ce soutien. L'information circule, on cherche un professeur susceptible de pouvoir accomplir cette tâche. Cette réunion a eu lieu en décembre 2008 ; c'est l'éternelle lenteur administrative. Je vois le professeur titulaire de François qui revient d'un congé maladie et qui me confirme qu'elle cherche un collègue pour accomplir cette mission. Bien, on n'a plus qu'à attendre et espérer.

Je vois le professeur principal avant de rentrer dans la salle des conseils, il est très content de François et confiant, cela me rassure. Le conseil commence, on fait passer François en premier, bonne surprise, il a 10,3 de moyenne générale, des appréciations élogieuses de ses professeurs, on souligne sa motivation, son sérieux et son sourire. On note des difficultés dans certaines matières, cela étant dû essentiellement à ses problèmes de mémoire. Le bilan est positif, il peut envisager un passage en terminale en maintenant ses efforts et il obtient les encouragements pour son attitude positive. Ouf !…

François est presque surpris de ses résultats, mais heureux, cela le rebooste et le remotive.

Deuxième bilan important : le vendredi treize mars. C'est le bilan orthopédique. Même appréhension avant la consultation. Examen et clichés radiographiques. Examen clinique soigné. Verdict positif : François à l'autorisation de remarcher normalement nous allons repartir les béquilles sous le bras. On reverra le médecin fin août avant la rentrée scolaire s'il n'y a pas de douleurs jusque là. Il peut envisager de refaire des abdominaux, un peu de musculation sur son banc et de la piscine quand sa chimiothérapie sera arrêtée et qu'il aura retrouvé ses défenses naturelles, mais avec un accompagnateur à cause d'une éventuelle crise convulsive. Car chaque spécialiste reçoit les comptes-rendus des autres spécialistes. François est suivi par une excellente et consciencieuse équipe. Il remercie et serre la main de son chirurgien qui il y a neuf mois lui donnait quarante pour cent de réussite et c'est une réussite ! J'ai comme l'impression que François fait parti du pourcentage des gagnants. On repart de cette consultation, heureux et nous rentrons à la maison. François va pouvoir enfin retrouver sa chambre et son lit mezzanine. Quel bonheur de lui faire son lit dans sa chambre !

Ce mois ne va pas être seulement fait de bilans médicaux. Je le ressens également comme un bilan sur nos vies, un mois charnière.

Nous allons franchir la ligne d'arrivée main dans la main François et moi et gagnants, j'en suis pratiquement convaincue, bien que je garde toujours dans un coin de mon esprit que rien n'est jamais acquis, au cas où… Et cela est vrai pour tout, même et surtout en amour.

Prudence, conscience, lucidité dans tous les actes de ma vie, c'est bien, c'est raisonnable. Mais est-ce que j'ai envie vraiment d'être raisonnable après ces deux ans et demi d'enfer ? Je ne crois pas, j'ai envie de croquer la vie à peines dents, de foncer dans ce qui me fait plaisir avec passion pour me sentir bien vivante et heureuse de l'être.

Une fois que l'on aura franchi la ligne d'arrivée mon fils et moi, main dans la main, on fera la fête, on se fera plaisir d'abord tous les deux et ensuite avec tous ceux qui voudront se joindre à nous.

Ensuite, il faudra lâcher nos mains et que surtout François réapprenne à vivre par lui même et pour lui-même. Reprendre confiance en la vie et en lui. Sa place est avec ses copains, avoir une petite amie…

Bien sûr que lorsque l'on est mère, on l'est pour la vie et l'on se doit de veiller sur sa progéniture toute sa vie et en particulier sur son petit qui a failli perdre la sienne. Alors, il va falloir que je trouve la bonne distance pour qu'il puisse prendre son envol et construire tout seul comme il l'entend sa propre vie.

Rester une référante qu'il peut consulter en cas de besoin, mais ne plus le surprotéger, cela pourrait lui briser les ailes et l'empêcher de voler vers son espace liberté. A ce sujet, nous avons convenu François et moi qu'il se rendrait en week-end chez son père encore une fois en mars, avril et mai. Ensuite, je ne lui imposerai plus d'aller passer le week-end chez son père si tous les bilans sont positifs et si donc il est guéri. Je lui ai dit qu'il serait libre de faire ce qu'il voulait de ses week-ends et de ses vacances. François a accueilli cette décision avec joie et m'a remerciée. Il a compris que ces week-ends passés chez son père m'avaient permis de souffler et de penser un peu à moi. A mon tour je comprends qu'il faut que je l'encourage à être libre et indépendant sas plus rien lui imposer, s'il est guéri.

Troisième bilan : chez le neurologue, le professeur Tournesol. Examen des deux derniers clichés IRM cérébraux, l'évolution est positive, bonne cicatrisation, plus rien de fâcheux dans le cerveau qui a tant été malade, subissant au départ une invasion massive de cellules cancéreuses.

La cicatrisation bien sûr peut entraîner des crises convulsives de type épileptique (l'épilepsie étant une autre maladie). Il poursuivra donc son traitement à base de Trileptal vraisemblablement toute sa vie, car les cicatrices seront toujours là et dès qu'elles touchent le cortex cérébral (l'enveloppe externe du cerveau), cela fait comme un coup de gâchette et entraîne une crise convulsive. Le traitement est efficace à 95 %. François ne devra donc pas pratiquer de sports à risques qui mettraient sa vie en danger en cas de malaise. Le médecin nous assure qu'il n'y a pas d'effets secondaires à la prise de ce médicament, lequel régule même l'humeur. Formidable, François pourra être d'humeur constante, si cela pouvait être le cas pour tout le monde !…

Ensuite vient l'examen du bulletin scolaire, le médecin est enchanté par les résultats. Il en fait une analyse médicale, les faiblesses et difficultés soulevés dans certaines matières proviennent de ses problèmes de mémoire et de concentration. Problème avec les chiffres, mais François a aussi une certaine allergie aux chiffres. Nous programmons un bilan mémoire et un bilan IRM cérébral pour la fin août 2009 soit trois ans après le début de sa maladie. Les bilans doivent confirmer l'évolution très positive. Alors vient un flot de questions de ma part et de celle de François. Quelle vie va t'on pouvoir mener maintenant ? La réponse est : UNE VIE NORMALE et il insiste notre bon professeur Tournesol sur le mot normale, exemple : vacances avec les copains ! Il dit à François « fais ce que tu veux maintenant ». Et à moi, il me dit de terminer les bilans, de boucler mon livre et de tourner la page.

On parle de mon attitude durant tout ce long marathon, il me dit que beaucoup de personnes sont dans l'assistanat. Que superviser comme je l'ai fait a été une aide précieuse pour toute l'équipe médicale. Ce point est important : ne pas se substituer aux médecins, mais être un maillon de transmission, contrôler, superviser, pour qu'il y ait le moins de dysfonctionnement possible. Avoir un classeur, dossier toujours à jour avec une partie pour chaque spécialité. Veiller à ce que l'information circule d'un service à l'autre. Conserver avec soi tous les comptes-rendus et les clichés pour que rien ne soit égaré. Faire soi-même un petit bilan, une synthèse sur toutes les informations qui proviennent de tous les services. Cela s'avère être une aide précieuse pour l'équipe médicale.

Enfin, nous parlons de la diététicienne qui au départ avait posé un diagnostic d'anorexie. Il me dit que bien qu'elle ait fait une erreur de diagnostic, c'est quelqu'un de bien, l'erreur est humaine. Je l'ai croisée une fois sur un parking, j'ai eu l'impression qu'elle me fuyait alors que j'avais envie de parler de François avec elle. Professeur Tournesol m'explique que cette réaction est légitime, il me conseille de rentrer en contact avec elle et même de la voir avec François. Il pense à juste titre que cela ferait beaucoup de bien à tout le monde. Il a raison, je vais écrire à ce médecin que j'appellerai docteur Suzanne Tamaro, comme l'écrivain qui a écrit : « vas où ton cœur te porte ».

Aujourd'hui, il me porte vers le pardon, l'empathie. Elle aussi a dû souffrir de cette erreur médicale. Ce serait cruel de notre part de lui laisser porter ce fardeau toute sa vie. La tâche n'était pas facile pour elle, les symptômes que présentait François au départ pouvaient s'apparenter à de l'anorexie, d'autant plus que le bilan sanguin était normal. Elle désirait que François consulte un psychiatre, ce qu'il refusait obstinément. Je ne l'ai pas forcé à le faire, nous sommes tous responsables. Je n'ai pas informé le médecin référent qui a vu François pour une gastroentérite deux semaines avant la déclaration de sa maladie. Il a vu ce médecin, docteur Fifi tout seul car j'étais dans l'incapacité de l'accompagner et son père aussi. Trop occupée dans les démarches pour reprendre une activité, pas du tout soutenue par un mari au chômage et recherchant un emploi. De plus, j'avais engagé une procédure de divorce déjà à l'époque et le climat à la maison était très tendu. J'ai eu le sentiment après coup de n'avoir pas été assez vigilante par rapport à François. J'étais un peu dépassée par tous ces événements. J'ai beaucoup culpabilisé de n'avoir pas été assez réactive. Je culpabilise encore un peu aujourd'hui, à l'heure du bilan, mais ceci est stérile, je ne peux revenir en arrière et refaire l'histoire. Comme le docteur Suzanne Tomano ne peut revenir sur son diagnostic. Elle a vu François deux fois, la première il pesait quarante-deux kilos pour un mètre soixante-huit et la deuxième fois, un mois après, il avait repris trois kilos et le bilan sanguin ne montrait rien de vraiment anormal…

Après coup on peut dire : il n'avait que cent quarante-cinq mille plaquettes (la norme étant un taux supérieur à cent cinquante mille) et il y avait une inversion dans la formule des globules blancs entre les lymphocytes et les polyneutrophiles (mais cela pouvait être viral)… Docteur Suzanne Tamaro, nous vous avons pardonné cette erreur de diagnostic et nous ne voulons pas que vous soyez seule à porter ce fardeau toute votre vie. J'espère que l'on se rencontrera avec François guéri et sans animosité à votre égard, ce qui n'était pas le cas au début et tout le long de sa maladie. Mais François aussi prend du recul et je le pousse dans la voie du pardon et de l'empathie. Je viens d'écrire à ce médecin, je l'invite à écrire un petit mot à François et lui propose ensuite de se rencontrer tous les trois dans un café par exemple, car je pense que se retrouver dans son cabinet médical pourrait réveiller de très mauvais souvenirs. J'espère qu'elle nous répondra.

Docteur Suzanne Tamaro me téléphone aujourd'hui mardi vingt-quatre mars. Dans un premier temps, j'ai l'impression qu'elle n'a pas compris ma démarche. Elle a le sentiment de ne pas avoir fait d'erreur de diagnostic, elle m'explique qu'elle a fait un bilan sanguin dont les résultats étaient corrects, que si elle n'avait pas fait ce bilan elle s'en voudrait et serait en tort. Puis un dialogue s'installe, je lui rappelle qu'elle a fait une erreur dans son diagnostic en pensant que François étai anorexique, mais qu'elle n'est pas seule à s'être trompée. Le bilan sanguin écartant toute autre hypothèse. Je la rassure en lui disant que je n'entretiens aucune rancœur à son égard. Docteur Tamaro vous avez fait votre travail en votre âme et conscience. Je pourrais toujours vous en vouloir de ne pas avoir avisé le médecin référent et un psychiatre. La déclaration fulgurante de la leucémie de François ne vous en aura pas laissé le temps, puis nous terminons ce dialogue par téléphone, sans animosité de part et d'autre, vous me dites que vous êtes heureuse que François soit guéri et vous lui souhaitez plein de bonnes choses. Je transmettrai à François car vous n'avez pas pour habitude me dites-vous de voir vos patients en dehors de votre cabinet ou de leur écrire, c'est votre choix… Merci d'avoir eu le courage de me téléphoner.

J'ai transmis à François vos encouragements le soir même, mais il reste sur ses positions, il vous en veut toujours de vous être trompée dans votre diagnostic. Pourtant je lui explique que vous avez fait votre travail de médecin et que le bilan sanguin ne vous a pas aidé à vous orienter vers un autre diagnostic.

Le cas de François sur le plan médical était très complexe, vous l'avez souligné docteur, je pense toujours aujourd'hui que vous n'auriez pas dû rester seule face à un cas aussi compliqué et grave (quarante-deux kilos pour un mètre soixante-huit) ! Mais nous allons tourner la page et oublier tout cela, car nous ne pouvons revenir sur le passé et le ressasser s'avérerait stérile et négatif. Hors, nous voulons positiver en ces temps de bilans positifs les uns après les autres et qui nous ouvrent la porte d'une autre vie. Une vie sereine où il n'y a pas de place pour la rancœur.

Le bilan cardiologique fait hier était très bon, un cœur de sportif nous a dit le cardiologue ! Aucun impact de la chimiothérapie sur le plan cardiaque. Feu vert donné pour un peu de sport quelques abdominaux, un peu de musculation, tout est permis sur le plan cardiaque.

Demain bilan à l'hôpital saint Louis en hôpital de jour, on ne va pas s'amuser ! Ponction de moelle osseuse dans le sternum, ponction lombaire pour récupérer du liquide céphalo-rachidien, prise de sang et tout cela sera analysé. Résultats le quinze avril ! Un peu de gaz hilarant pour mieux appréhender tous ces actes, je vais me transformer en anesthésiste doublé d'un clown pour faire mieux passer tout cela à François. Un mauvais moment à passer et puis fin des traitements très certainement. Cela fait sept mois que nous ne sommes pas allés dans le service coquelicots trois et paradoxalement, malgré toutes les misères que l'on va infliger à François, nous sommes contents de revoir toute cette équipe formidable, tant sur le plan médical que sur le plan humain. La joie est partagée par l'équipe de saint Louis, de nous revoir, cela fait chaud au cœur. La cadre infirmière vient voir François pour lui proposer des sorties dans l'avenir, une semaine en voilier par exemple, car il faut sortir nos malades de l'isolement une fois qu'ils sont guéris et cela contribue à une guérison totale. Alors des sorties, des voyages sont organisés pour permettre aux enfants et aux adolescents de reprendre confiance en eux et de se libérer du poids de ce long combat. François n'est pas très favorable à ce genre de sorties, mais il examine la question. La priorité est dit-il, de se retrouver et de partager complètement avec ses amis. C'est lui qui décidera, mais si je le vois toujours isolé, je le pousserai vers ces sorties et voyages tout en lui laissant son libre arbitre.

François est maintenant majeur, aux admissions c'est sa pièce d'identité qu'il faut présenter. Tout cela est symbolique, mais nous rappelle qu'il faut couper le cordon et aller vers l'autonomie, l'indépendance, conquérir chacun notre liberté. Nous sommes déjà depuis quelques temps sur ce chemin là et on nous encourage dans ce sens. Ne pas couver, surprotéger l'adolescent qui sort d'une longue maladie.

François a été très courageux et digne lors de ce dernier examen qui est très souffrant, aidé du gaz hilarant, il nous a même fait rire. Dans deux jours, le médecin doit m'appeler car il aura les premiers résultats des lames faites à partir des ponctions de moelle osseuse et du liquide céphalo-rachidien. Les lames étudiées au microscope permettront de constater l'absence de cellules cancéreuses. Alors dans ce cas là, François prendra son dernier cachet de chimiothérapie vendredi soir. Il a dit qu'il allait se filmer pour bien fixer l'événement ! Dans trois semaines, après étude plus approfondie de ces mêmes lames, les médecins constateront l'absence de maladie résiduelle et confirmeront l'arrêt de la chimiothérapie. Alors, commencera la surveillance post traitement.

J'ai aujourd'hui le sentiment que nous avons gagné ! Nous sommes à quelques mètres de la ligne d'arrivée, cela me rappelle des souvenirs de courses de fond, notamment lorsque j'avais fait le : Paris-Versailles. Quelques mètres avant l'arrivée, les gens sont là encourageants, le coureur de fond est exténué mais il ressent un profond bien-être, une joie immense d'avoir accompli le défi qu'il s'était lancé. Je ressens la même chose aujourd'hui. Ce bien-être, cette joie, je la savoure, je vais voir la vie autrement maintenant et faire mon possible pour apprécier la vie et chaque jour à sa juste valeur !

Chapitre 22.
La ligne d'arrivée

Aujourd'hui jeudi vingt-six mars, le téléphone sonne, je suis dans mon bain après un footing réparateur. C'est François qui prend la communication, docteur Grandet (car il est aussi grand par sa gentillesse que par sa compétence), annonce à François qu'il peut arrêter la chimiothérapie, les bilans sont positifs, il rajoute que je peux le rappeler, ce que je fais immédiatement.

Je demande à parler au docteur Grandet, on me le passe, je lui demande de me répéter ce qu'il vient de dire à mon fis car je veux pouvoir savourer chaque mot dit. Alors il répète : les lames étudiées sont excellentes, pas de trace de cellules cancéreuses, le bilan sanguin est très bon, fin de la chimiothérapie, pas de prise ce soir… Alors je lui dis : « ON A GAGNE » ! Je suis lucide lui dis-je, je sais qu'il y a une surveillance post traitement sur dix ans, mais je prends le parti de clamer aujourd'hui : ON A GAGNE ! Il me répond vous avez raison de prendre ce parti là ! Alors viennent encore les remerciements pour toute l'équipe de saint Louis.

Ensuite j'appelle sur mon téléphone potable le docteur Fifi et je lui dis : « on a gagné ! C'est fini la chimiothérapie, nous avons les résultats de l'hôpital saint Louis » Je le sens ému et il me répond : BRAVO ! Bravo à François, bravo à vous deux ! Merci docteur Fifi qui est allé au-delà de ses devoirs en venant voir son patient à l'hôpital saint Louis, à l'hôpital de Pontoise et qui m'a soutenue lorsque mon fils était en réanimation à Necker. Tous les jours il se tenait informé de l'évolution. Durant ces deux ans et demi, il a suivi François pas à pas, le visitant à la maison toutes les semaines dans un premier temps, pis tous les quinze jours, puis une fois par mois. Nous ne l'avions pas vu depuis le début de l'année car nous avions fort à faire avec tous les bilans. C'est avec grand plaisir que je vais accompagner François dans son cabinet, il l'attend avec joie car il continuera à être son médecin référent, c'est lui qui va continuer à coordonner et assurer le suivi médical de mon fils. Il a toujours été d'un bon conseil, trouvant toujours le mot juste. Un sacré médecin généraliste qui fait remarquablement bien son travail. De plus il sait ce que signifie l'empathie. Cela va me soulager de le laisser coordonner et superviser le suivi de François par les spécialistes, je vais lâcher du lest et lui laisser faire son travail car il a toute ma confiance.

J'ai ensuite envoyé des textos à mes deux autres enfants, au papa de François, à ma sœur et à ma nièce, miss Etoile. Miss Etoile me rappelle, elle pleure de joie, je lui répète : on a gagné, François est guéri ! Elle attend le quinze avril pour fêter cela comme il se doit. Ma sœur vient ce week-end, je l'ai au téléphone, elle est heureuse de venir partager ce bonheur avec nous, elle arrive demain.

Mon grand fils Julien m'appelle, il est bouleversé, lui qui s'était enfermé dans un mur de silence, je devrais dire de souffrance au début de la maladie de son frère et qui n'osait croire à un salut possible. Je lui répète : on a gagné ! Ton frère est guéri, c'est fini la chimiothérapie !

Ensuite j'appelle mon amoureux qui était parti faire un footing. Il est heureux de ces nouvelles positives, il apprécie beaucoup François et cela est réciproque. D'ailleurs quand je réserve le restaurant pour le soir afin de fêter cela François et moi, François me dit : « et si ton amoureux venait avec nous » ? Je lui réponds qu'il va fêter cela avec nous samedi, que c'est bien dans un premier temps de fêter cela nous deux, on a besoin de se retrouver face à face pour se dire combien on est heureux. Et puis, mon amoureux est pudique et réservé, je sais qu'il n'accepterait pas cette invitation ce soir, il ne se sentirait pas à sa place.

Ma fille Camille m'appelle, heureuse et bouleversée par cette nouvelle. Elle veut aider son frère sur le plan scolaire, elle souhaite le voir progresser. J'ai l'impression que tout le monde maintenant autour de François est dans la vie et non plus dans la survie.

Je téléphone à mon papa Martin, âgé de quatre-vingt-dix ans et très souffrant en ce moment, insuffisance cardiaque sévère. Pourtant toujours grand sportif avec une hygiène de vie rigoureuse. Mais je crois que le décès accidentel de ma mère et la maladie de son petit-fils ont ébranlé ce grand cœur généreux et sensible. Il est soulagé, son petit-fils est guéri, on a gagné papa ! Il est heureux et il m'encourage à prendre maintenant soin de moi car il m'a toujours dit tout au long de cette période : je souffre pour François, mais je pense à toi ma fille. Il avait conscience que c'était dur et inacceptable pour une mère de voir son enfant souffrir et de devoir se battre pour que la vie qu'elle avait donnée, perdure.

Aujourd'hui je connais à sa juste valeur le prix de la vie, cette vie que j'ai donné, on ne va pas me la voler. Sentiment d'injustice. On accepte même dans la souffrance la mort de ses parents car on est programmé pour cela. On accepte sa propre mort car nous sommes tous mortels, mais on ne peut accepter l'idée de voir partir un enfant. Alors je me suis battue contre l'inacceptable. Je me suis battue aussi pour que François ait une vie digne de ce nom et je continuerai s'il le faut ce combat, mais j'ai confiance en la capacité de François de se construire une vie qui lui conviendra.

Ce soir nous fêtons l'arrivée de ce long marathon François et moi, car nous avons mené ce combat main dans la main sans jamais capituler et en espérant toujours un lendemain meilleur. Nous allons nous réjouir aujourd'hui de ce présent vécu comme un cadeau, une renaissance pour tous les deux dans une vie que l'on va essayer de construire au mieux jour après jour.

Pouvant toujours compter l'un sur l'autre car ce combat a tissé des liens solides entre nous, faits d'amour, de confiance et de respect mutuel. Nous sommes conscients que chacun doit construire sa propre vie et François a tout à découvrir.

Pour ma part je sors d'un long cauchemar et donc j'ai une nouvelle vie à découvrir avec un autre esprit fait de sérénité. Se libérer d'abord de mes réactions instinctives de peur. Accueillir chaque jour nouveau comme un cadeau, un présage de bonheur pour l'avenir. Le construire cet avenir dans le présent. J'ai tout pour être heureuse maintenant : un fils guéri dont je peux être fière tant il a développé de capacités à être bien avec lui-même et avec les autres et puis j'ai un compagnon adorable que j'aime et qui m'aime. J'avais dit que je terminerai ce livre en même temps que la maladie de mon fils. Aujourd'hui, jeudi 26 mars 2009, fin de la chimiothérapie, tous les bilans sont positifs, François marche et il marche sur le chemin de la vie qui le conduira au bonheur de vivre.

Nous avons gagné cette longue bataille, nous sommes arrivés au terme de ce long marathon, je vais pouvoir écrire enfin un happy end !

Vendredi 27 mars 2009, hier c'était l'euphorie, la fête au restaurant. Le soir nous nous sommes serrés dans les bras l'un de l'autre avant de se coucher, heureux de cette journée. Aujourd'hui je me sens vidée, le contre coup très certainement de ces deux ans et demi de stress permanent. C'est la fin de la guerre, deux vies à reconstruire. Une nouvelle vitesse à trouver pour chacun d'entre-nous et aussi pour nos proches qui se sont investis. Une envie de partir pour laisser tout cela derrière moi et aller reconstruire ailleurs, au soleil dans le sud, la région que j'ai quittée, il y a trente ans.

Plein de questions, certaines d'ordre médical, nous allons les mettre sur une feuille de papier pour les soumettre au docteur référent de saint Louis que nous voyons en consultation le 15 avril. Il est important de connaître la suite, plusieurs années de surveillance. Il est important d'en connaître le contenu et les raisons pour ne pas subir mais continuer à être un patient actif et responsable. D'autant plus que François est majeur, qu'il faut l'autonomiser et le responsabiliser. Nous allons donc rédiger ensemble ces questions. François va prendre de plus en plus seul son destin en mains. L'accompagner mais couper le cordon, lâcher petit à petit nos mains sans être jamais loin.

Le téléphone sonne à nouveau : docteur Heda de l'hôpital de jour de Pontoise, le médecin référent de François pour cet hôpital et qui le suit depuis deux ans et demi. J'ai laissé un message ce matin dans son service pour l'informer. J'ai parlé avec une des infirmières, infirmière remarquable d'écoute de gentillesse et de compétence. Le message lui a été transmis. Docteur Heda laisse éclater sa joie et je laisse éclater la mienne. Je voulais qu'elle sache tout de suite et par nous que l'on avait gagné ensemble ce combat. Elle me remercie d'avoir pensé à elle, elle l'aurait su par la voie normale, l'hôpital de saint Louis lui aurait écrit, aussi trouve t'elle que c'est très gentil d'avoir pensé à elle en personne. Et pour cause, tous ces médecins qui sont sans cesse appelés pour intervenir dans des cas graves, qui doivent répondre aux questions angoissées des parents, ils sont toujours sur la brèche, dans le stress et ne comptant pas les heures effectuées. Alors nous parents et patients, quand on peut leur apporter un rayon de soleil, il faut le faire car ils ont besoin eux aussi de notre soutien et de notre reconnaissance. C'est de l'empathie, elle doit être réciproque et fonctionner dans les deux sens.

Le docteur Heda m'a demandée aussi de mes nouvelles, nos projets de vacances, Elle sait que c'est important d'être sur le chemin de la vie. Nous avons évoqué les débuts difficiles et toutes les embûches sur ce long parcours de combat. Nous avons gagné docteur Héda ! Nous allons nous revoir au cours de la surveillance, mais de façon beaucoup plus détendue. Elle a tenu à parler à François pour le féliciter et François l'a remerciée.

A midi j'ai également appelé Santé Service pour leur annoncer la bonne nouvelle. J'ai insisté pour que l'information circule dans tous les services : cadre infirmière, infirmiers, service social. Ce sera fait, la secrétaire était heureuse, m'a remerciée d'avoir téléphoné. Tout le monde ne le fait pas. Dans quelques temps nous ferons la surprise au service de réanimation de Necker de venir avec François pour qu'il les remercie d'avoir autant lutté pour le maintenir en vie, cette vie qui ne tenait alors qu'à un fil. Le miraculé du service. J'ai rêvé qu'un jour je reviendrai avec François vivant et en bonne santé tenant debout, ce rêve est sur le point de se réaliser. Ce serait égoïste de notre part de ne pas partager notre joie avec tous ces services qui se sont battus pour que François vive. Alors leur dire merci à chacun, c'est peu de chose et pour eux c'est beaucoup.

Poème qui rend hommage à mon fils :

<u>Mon fils ce digne combattant.</u>

Le dernier né, le combattant,
Avec tous justes dix-huit ans,
Tu as fait face à cette maladie,
Qui a bouleversé ta vie.

On ne peut que s'incliner,
Devant autant de dignité,
Tu es plein de courage,
Tu tes battu avec rage.

Tu as conservé ton sens de l'humour,
On ne peut que te donner plein d'amour,
En toi on puise notre énergie,
Pour t'aider à redonner un sens à ta vie.

Tu formules à nouveau des projets,
Que l'on ne peut qu'encourager,
Passer l'an prochain en terminale,
Et réussir ton examen de code.

Un grand merci à tous ces médecins,
Avec qui on a œuvré main dans la main,
Et merci à toutes leurs équipes,
Qui t'ont sans cesse évité le pire.

Tu as toute la vie devant toi,
Elle t'apportera toute la joie,
Pour compenser toutes ces misères,
Ces deux ans et demi de galères.

Ta maman, fière d'avoir un tel fils !
Vendredi 27 mars 2009

Chapitre 23.
La reconstruction dans l'acceptation

15 avril 2009 : Consultation avec le docteur Thiblanc à l'hôpital St Louis.

Examen de tous les bilans qui sont tous positifs, examen clinique satisfaisant. Le médecin confirme l'arrêt de la chimiothérapie.

Nous avons préparé un questionnaire, François et moi sur le suivi médical qui va d'abord s'étaler sur deux ans et demi. Une des questions principale étant celle des récidives. Bien sûr que le risque existe, on demande donc au médecin de le chiffrer ; il nous répond précisément que 2/3 des récidives surviennent durant le traitement ; 1/3 après la fin de la chimiothérapie, dont la moitié se produit 3 à 6 mois après la fin du traitement. D'où la nécessité de faire un bilan sanguin tous les mois avec un frottis, déterminant l'aspect des cellules.

Il faut savoir qu'environ 80 % des leucémies guérissent et François sera considéré définitivement guérit en décembre 2011, soit 5 ans après le constat de la 1ère rémission.

A cela, je réponds que l'on considère que nous avons gagné, et le docteur Lethiers nous encourage dans cette attitude positive ; lui-même nous confie qu'il est très optimiste.

Il est nécessaire que François, âgé de plus de 18 ans maintenant, comprenne la nécessité de cette surveillance médicale qui se prolongera sur 2 ans et demi, jusqu'à ce qu'il en prenne le contrôle et pour qu'il ne s'y soustrait pas. C'est le responsabiliser tout en le rassurant.

François reçoit le compte-rendu de son médecin qu'il lit attentivement, il reprend les taux de récidive, il précise également le contenu du suivi médical.

Puis vient le premier bilan sanguin post-traitement qui est correct. Il va falloir environ six mois pour que François retrouve ses défenses naturelles si tout se passe bien, donc le bactrim (antibiotique) est maintenu.

Nous partons dans le sud fêter la victoire de cette première manche et François s'en donne à cœur joie. Il fait la fête avec sa cousine et ses amis. Il revient heureux et détendu.

Ensuite une semaine de lycée, puis je décide de le laisser seul avec l'accord des médecins et de partir avec mon compagnon en voyage du 2 au 9 mai. Je suis assez stressée avant mon départ. Nous faisons le point François et moi. Son père Victor, son frère Julien, sa sœur Camille sont tos proches. Mais il est décidé qu'il va se prendre en charge tout seul.

C'est une étape déterminante et tout se passe bien. Cette expérience modifie mon regard sur mon fils. Il a gagné son indépendance en acceptant de tout gérer tout seul durant une semaine. Il s'en est très bien sorti, il s'est très bien organisé malgré ses quelques défaillances de mémoire immédiate.

Je suis sortie de la bulle, j'ai fait confiance à mon fils courageux et digne qui m'a poussée à le faire.

Par contre, lui n'est pas tout fait sorti de sa bulle et cela va prendre un certain temps. Nous en parlons, je ne le bouscule pas, je le laisse avancer à son rythme.

François est concentré sur son travail scolaire : réussir son troisième trimestre, passer en terminale et obtenir des notes correctes a son bac de Français. Il travaille beaucoup et avec sérieux, il doute toujours de ses performances mais il est déterminé. S'il ne réussissait pas ce ne serait pas faute d'avoir fait le maximum d'efforts. Il le formule, je l'encourage, j'essaie d'apaiser ses doutes. Je le rassure, il ne fera pas une quatrième première !

François fait le maximum aujourd'hui, il est dans l'instant présent, nous ne pouvons présager de demain. L'attitude positive qu'il affiche aujourd'hui ne peut que porter de bons fruits pour demain…

Encore un mois à tenir ce rythme, au bout le bac de Français, puis les vacances, François pourra enfin souffler ! Peut-être téléphonera-t-il à ses copains et révisera-t-il à fond son code pour envisager de passer le permis qui lui apporterait, s'il le réussissait plus d'autonomie.

Cet été il a décidé de passer deux semaines de vacances dans le sud en famille, plutôt qu'avec ses copains. Je pense que c'est plus rassurant pour lui. Je le laisse mettre un pied devant l'autre, sortir petit à petit de sa bulle.

François me prouve régulièrement qu'il s'en sort très bien tout seul, il est donc indépendant, responsable. Sa maison c'est son cocon, c'est rassurant pour lui, il a ses repères.

Nous ne pouvons pas tout obtenir d'un coup. Je supervise de moins en moins, il est pratiquement autonome. C'est déjà une grande victoire. Je l'appelle de moins en moins au téléphone. J'essaie de trouver la bonne distance, sans pour autant qu'il se sente abandonné.

Nous en parlons, il m'encourage dans ce sens. Il sait qu'il peut me joindre en cas de nécessité, il le fait, mais de moins en moins. Cela signifie je pense qu'il devient autonome et acquiert de plus en plus de confiance en soi.

Il est nécessaire qu'il se renforce pour sortir de son cocon douillet et partir a la conquête du monde extérieur. Cela ne doit pas être facile pour lui, mais il devrait y arriver petit à petit…

Nous sortons du chaos, nous avons à nous reconstruire et vivre nos vies en étant à l'écoute de nos désirs, de nos besoins. Vivre au mieux chaque jour qui se présente. Se projeter dans l'avenir est parfois un peu difficile et complexe, mais rêver d'un avenir heureux permet de s'épanouir davantage dans le présent. Demain me fait moins peur.

Le passé bien que très lourd est passé, il ne servirait à rien de se battre contre lui ; ce n'est que dans l'acceptation de ce que l'on a vécu, que nous pouvons mettre un pas devant l'autre aujourd'hui et envisager le plus sereinement possible demain.

L'acceptation n'est pas synonyme de résignation, on ne courbe pas l'échine, nous avançons le plus dignement possible en dégustant notre nouvelle vie.

Vendredi 22 mai : nous avons rendez-vous au cabinet du docteur Fifi, cela fait bientôt trois ans que François ne s'y est pas rendu.

J'explique notre démarche au médecin, je souhaite qu'il supervise et coordonne tous ces bilans qui proviennent des différents spécialistes, qu'il fasse le point régulièrement avec François qu'il verra seul dans l'avenir.

Docteur Fifi examine tous les bilans, donne des conseils a François sur son alimentation, l'encourage à se remuscler dans le domaine du possible. Il adhère à notre démarche.

Je lui fais remarquer que François sort peu et reste dans sa bulle-maison. Cela ne le choque pas ; il rappelle que ce que François a vécu a été très lourd, il le trouve plutôt en forme physiquement et moralement.

En prenant connaissance du bilan cardiologie qui ne lui avait pas été adressé, il préconise une dose d'antibiotique chaque fois que l'on touche aux muqueuses de François, par exemple un simple détartrage des dents.

Cela tombe bien car nous avons pris rendez-vous chez le dentiste le lundi.

Cela me réconforte dans l'idée qu'il est nécessaire que le médecin traitant ait en main tous les bilans effectués ; il faudra que nous veillions à cela car tout ne lui est pas forcément transmis.

Avant de prendre congé, docteur Fifi témoigne sa joie de voir François et lui dit une chose importante : qu'il n'est pas là que pour soigner une éventuelle angine, mais qu'il va l'accompagner dans sa reconstruction.

Il parle à François de la nécessité de se reconstruire tant sur le plan physique que psychologique après une telle épreuve.

Il propose à François de le voir tous les deux mois et plus si nécessaire et sans moi, j'encourage cela.

Je pense que cet accompagnement de la part du médecin traitant, qui est remarquable, est très important.

Pour ma part cela va me permettre de me repositionner en tant que mère, adulte référante, sortir de ce rôle de chef de service de l'hôpital à domicile.

Cela demandera à François de noter les conseils importants de son médecin s'il craint de les oublier.

Je me sens plus légère lorsque nous prenons congé et je remercie chaleureusement ce médecin attentionné et plein d'humour.

25 mai : deuxième bilan sanguin post traitement. C'est le statuquo. Rien de fâcheux, les globules blancs augmentent un peu, les plaquettes stagnent, les globules rouges sont normaux.

Côté positif : pas d'emballement des globules blancs, ce serait très alarmant.

La moelle osseuse est un pu fainéante après tout ce qu'elle a subi, je pense que cela est normal. D'où la nécessité de maintenir l'antibiotique.

Je note une question à poser au médecin hospitalier : en général au bout de combien de temps observe-t-on une formule sanguine normale ?

Noter les questions et les poser pour ne pas se faire de mauvais films, cela est important, toujours en concertation avec François. Je pense que maintenant il est préférable que ce soit lui qui pose les questions.

Nous sommes contents de revoir le docteur Heda et ses infirmières, surtout dans ces conditions post traitement, nous allons être tous plus détendus.

Reconstruction de la vie de François : il faut qu'il se réapproprie sa vie et il faut tous l'aider dans ce sens.

Reconstruction de ma vie : cela est en cours. Je suis aidée par mon compagnon, j'ai de la chance d'avoir rencontré l'amour, trésor précieux qui ensoleille ma vie aujourd'hui et me fait entrevoir un doux avenir auprès de quelqu'un d'aimant et attentionné.

De plus le relationnel est bon entre François et Karl, ils se respectent et s'apprécient. C'est un grand bonheur pour moi. Je pense qu'il me permet de trouver la bonne distance avec mon fils.

Cet équilibre que je suis entrain de trouver est important pour moi, mais aussi pour François ;

J'ai une longueur d'avance sur lui, c'est certain, c'est normal.

Je lui montre le chemin, la voie vers la normalité. De plus me voir heureuse, cela est optimisant pour lui.

Si cela est possible pour moi, ça l'est aussi pour lui…

J'ai pris la décision d'une petite chirurgie plastique pour moi, programmée le 5 juin. Je prends soin de mon physique, j'ai repris le sport. J'ai repris ma destinée en main ; je me reconstruis tant sur le plan physique que psychologique ; les deux étant liés. Cela ne peut qu'encourager mon fils.

François s'est remis à faire un peu de musculation, il a compris lui aussi que la reconstruction se fait sur les deux plans, physique et psychologique. Se sentir mieux dans son corps, c'est se donner la possibilité d'être bien dans sa tête et réciproquement. Lorsque l'on a le moral, on prend soin de soi.

Ce week-end nous allons fêter les 26 ans de ma fille Camille à la maison. Je suis heureuse de réunir dans ma maison mes trois enfants, ma petite fille Lili et mon compagnon Karl.

Mon papa va avoir dans le même temps 90 ans, nous lui envoyons une carte marrante. Nous lui téléphonerons samedi soir pour qu'il puisse être avec nous même à distance ; il sera avec nous dans notre cœur. Il sera lui aussi heureux de nous savoir réunis tous à cette occasion. Fêter normalement un événement heureux. Mon père qui me dit : profite de la vie maintenant au maximum ! Son cœur fatigué par tant d'épreuves, il mérite de savoir sa petite famille heureuse. Un exemple de dignité qui m'a beaucoup apporté !

Je repense a ma maman qui disait toujours : il n'y a pas de problèmes, il n'y a que des solutions. J'ai fait mienne cette devise ; nous avons affronté de gros problèmes et nous avons cherché et je pense trouver des solutions. Accepter les problèmes, les analyser, faire face et la solution se profile forcément. Sinon c'est se battre contre des moulins à vent.

Accepter sans jamais se résigner, c'est ouvrir la porte à la meilleure des solutions possible et pouvoir rebondir toujours plus loin, toujours plus forte et plus consciente des choses positives de la vie.

Ce combat que j'ai mené auprès de mon fils a modifié de façon sensible mon comportement. Il m'a appris la patience, je mets plus de conscience dans les moments positifs que je vis.

J'ai rencontré l'amour dans une période difficile où d'autres ont fui. C'est que c'est un amour véritable ; j'ai donc beaucoup de chance de l'avoir reconnu. Les amis qui sont encore présents sont de véritables amis.

Tout cela m'a recentré sur l'essentiel, l'amour de mes proches, la conscience que l'on met, le respect, l'écoute, toutes ces valeurs se sont renforcées.

Lorsque l'on traverse une telle épreuve on en sort différent ; j'ai décidé d'en retenir les apports positifs, cela me permet d'accepter plus facilement. Rabâcher que c'est injuste serait une perte de temps inutile.

François n'aura pratiquement pas eu d'adolescence ; c'est maintenant un adulte responsable, mâture, mais qui n'a pas perdu sons sens de l'humour.

Je pense que lui aussi est dans l'acceptation, ce qui présage d'une bonne et fructueuse reconstruction.

31 mai 2009 : mon compagnon nous invite à un spectacle à la Comédie Française.

François s'habille différemment pour la circonstance : jean classique, belle chemise ; il est métamorphosé. Durant le spectacle, je l'observe par moments, il est à fond dans la représentation.

Je savoure cet instant où nous nous retrouvons dans une belle normalité.

S'en suit un cocktail dans un somptueux bar ; François est superbe et à l'aise dans ce lieu. Il a bien mérité qu'on lui témoigne autant d'attentions.

Nous pouvons vivre cela grâce a l'accompagnement de Karl ; cela renforce les liens entre nous.

Par ailleurs François a décidé d'assister à un concert à Bercy de son groupe préféré. Il prend les choses en main car pas question pour lui d'être dans la foule et dans la file d'attente.

Il entreprend des démarches, faisant valoir ses droits car il bénéficie toujours du statut GIC avec tierce personne accompagnante, ce sera son père qui l'accompagnera.

Enfin François se projette dans l'avenir et se bat comme un lion pour obtenir gain de cause, au bout de plusieurs mail il est entendu ; il assistera au concert avec un aménagement particulier.

Son frère Julien se bat aussi pour faire fonctionner la galerie dont il a pris la responsabilité, et ce n'est pas facile en pleine période de crise ! Il formule qu'il se sent dépressif, que lui aussi a besoin de se reconstruire.

Il a été présent dans ce combat contre la maladie ; cela a été très difficile pour lui de voir son petit frère malade, puis handicapé, avec cette peur viscérale de le perdre.

Lui aussi a mis sa vie personnelle un peu entre parenthèses.

Camille, la sœur de François a décidé de se remettre aux études, passer un certificat d'Anglais, pour être bilingue et obtenir un meilleur poste.

Tout le monde va de l'avant, cela fait plaisir et est encourageant pour François.

15 JUIN 2009 : mon père Martin dit François décède à l'âge de 90 ans.

J'ai utilisé ce pseudonyme pour mon fils tant mon admiration est grande pour cet homme, ce héros.

Ses obsèques ont lieu le 18 juin, jour de l'appel du Général De Gaulle auprès duquel il a combattu dans la Première Division Française Libre durant la Guerre de 1939-1945 ;

François ne peut assister aux obsèques de son grand-père car il a le baccalauréat de Français.

Alors il écrit une très belle lettre à son grand papi, comme il le dit, c'est une lettre d'au revoir, lui souhaitant bonne chance dans sa nouvelle vie, dans laquelle il espère qu'il retrouvera la paix et la sérénité auprès de sa mamie partie il y a 4 ans.

Mon chagrin est à la hauteur de l'admiration que je porte à ce grand homme, mon père, ce héros.

Mais nous sommes programmés pour voir partir ses parents ; cela est dur, mais acceptable.

Moi aussi j'imagine mes parents qui s'aimaient tant à nouveau réunis.

Dans mon adieu à mon père, je lui ai demandé de veiller sur son petit-fils, et j'ai formulé le rêve qu'il retrouve son épouse adorée.

L'absence d'un être cher est difficile à gérer ; mon père m'a toujours rappelée que c'était dans l'ordre des choses que je l'enterre un jour.

Comme il est dans l'ordre des choses que mon fils vive.

La formule sanguine de François tend vers la normalité, cela présage d'une fin heureuse à cette histoire douloureuse et inacceptable en soi, mais qu'il a bien fallu affronter et digérer pour commencer notre reconstruction.

Papa, tu m'as toujours dit qu'après la pluie venait toujours le soleil, alors j'espère que le soleil va briller maintenant dans nos vies.

Tu peux reposer en paix auprès de ma chère maman. Nous poursuivrons notre chemin dans la dignité que vous nous avez enseigné tous les deux et dans l'amour dont vous nous avez toujours enveloppé.

Cet amour que vous m'avez transmis, je le garde en moi pour la vie, cela vous rend immortels, car je m'en nourris et le prodiguerai de façon éternelle.

Votre petit-fils est un miraculé, miracle de la science, mais aussi miracle de l'amour.

Cet amour c'est le plus bel héritage que vous me laissez, c'est ce que je souhaite moi aussi un jour laisser à mon tour.

Dignité, ténacité et amour ont été les forces de notre combat durant ces trois dernières années.

La rentrée scolaire de François se déroule normalement, il intègre une terminale avec 14 et 13 comme notes au baccalauréat de Français ; et tous les bilans médicaux sont positifs à ce jour.

Il nous reste deux années de vigilance où il ne nous faudra pas oublier ces trois forces qui nous ont permis de garder le cap.

Notre reconstruction peut maintenant et enfin se poursuivre dans la sérénité.

Chapitre 24.
Conclusion

François a intégré comme prévu une classe de terminale (communication et gestion des ressources humaines) au lycée Kastler de Cergy. Il a été soutenu toute l'année par son professeur principal pour toutes les matières technologiques, afin de développer une bonne méthodologie, François souffrant toujours de problèmes mnésiques. Il a travaillé dur et ses efforts ont été payants car il a obtenu son baccalauréat du premier coup.

Quel bonheur, quelle victoire, quelle belle récompense ! Un jour inoubliable ce 6 Juillet 2010 ! Nous le fêtons plusieurs fois ; Karl, mon compagnon nous invite au restaurant de la tour Eiffel, pour la circonstance François a mis un costume avec une cravate et il a opté pour une nouvelle coupe de cheveux, il est beau, rayonnant, je savoure ce bonheur à sa juste valeur. Nous le fêtons aussi avec son père, son frère et sa sœur. François invite ses amis de toujours à faire la fête à la maison, ces mêmes amis qui étaient à son chevet dans le service de Réanimation de l'hôpital Necker, et qui mesurent le chemin parcouru en presque 4 ans.

Nous descendons chez ma sœur, toute la famille est présente pour fêter cet évènement !

Le 7Juillet, nous nous rendons en consultation à l'hôpital Saint Louis, François aborde la question de la récidive, et la réponse du médecin est qu'il est très optimiste, il ne craint plus de récidive ! Je vois mon fils changer dans les jours qui suivent, il se projette enfin dans l'avenir, parle d'avenir professionnel par exemple, je me rends compte quel poids il a porté durant ces 4 années, et je mesure encore plus son courage.

Nous passons voir le Docteur fifi, le Docteur Heda de l'hôpital de Pontoise, pour apporter ces bonnes nouvelles et les remercier. Quel bonheur pour eux aussi, il ne faut pas négliger cette démarche, ces médecins méritent d'être encouragés, c'est important.

Mais tout n'est pas encore facile : les trois médecins qui suivent mon fils ne sont pas d'accord sur le protocole de revaccination DTPOLIO, il va falloir quelques démarches pour trouver la bonne solution, ce qui m'amène à dire que durant la dernière année de surveillance, il me faudra continuer à rester vigilante pour coordonner et optimiser le suivi médical de François.

Nous décidons enfin à rendre une visite au service de Réanimation de l'hôpital de Necker, un soir accompagnés de Miss étoile et mon fils aîné Julien, ce dernier restera dans la voiture, il n'a pas envie de se retrouver dans ce service, je n'insiste pas, je respecte sa position, c'est déjà bien qu'il nous ai accompagné. Nous montons les trois étages et arrivons dans le service, nous sommes reçus par la surveillante, qui se rappelle très bien de nous, François découvre, il n'a aucun souvenir de ce séjour. Après un échange chaleureux, nous sommes conduits dans le service, nous retrouvons un des médecins de garde qui a soigné François, il est ému, heureux, des photos sont prises par la surveillante. Très peu de parents et patients reviennent dans ce service nous dit-on, le médecin me demande comment je ressens cet instant, je lui répond : ce n'est que du bonheur, j'ai tellement rêvé cette situation, revenir avec mon fils guéri pour remercier l'équipe, et on le vit ! Le médecin nous dit que cela lui fait beaucoup de bien et qu'il va passer une bonne garde. Je mesure la tache difficile de ces équipes médicales toujours mobilisées pour sauver les vies de ces enfants, et ils ne réussissent malheureusement pas toujours. C'est important pour eux que ceux qu'ils ont sauvé viennent un jour pour les encourager à continuer au mieux leur mission.

François intègre une classe de BTS (négociation relation client), toujours au lycée Kastler de Cergy, il a été recruté pour son sérieux, la proviseur croit en lui et lui laissera le temps qu'il faudra pour obtenir son diplôme. François a choisi de rester dans ce lycée car il a besoin de repères et d'un environnement rassurant. Il n'est pas facile pour lui de trouver un stage en entreprise. Dans un premier temps il cache son handicap, et se heurte qu'à des refus. Ensuite il revoit sa lettre de motivation, et parle de son handicap, des efforts qu'il a déployé pour vaincre la maladie, obtenir son baccalauréat, et mentionne qu'il aura la même attitude pour obtenir son BTS et dans les stages qu'on lui accordera. Cela porte ses fruits, il est recruté par la MACIF sur Cergy. En fait il fait de son handicap un tremplin et non un frein, il est donc perçu différemment, son Neurologue l'encourage dans cette attitude, car le monde du travail est impitoyable, il faudra que l'handicap de François soit pris en compte pour qu'il réussisse.

Pour ma part, après un an de psychothérapie, je pense avoir trouvé la bonne distance avec mon fils, et je l'accepte comme il est. Je ne me torture plus l'esprit avec des comparaisons avec le fils que j'avais avant sa maladie, et comment il serait s'il n'avait pas été malade.

J'ai un fils qui développe des qualités humaines qui en font sa valeur et qui le rendent admirable aux yeux de beaucoup de personnes, c'est un être unique et exceptionnel, qui va avoir besoin encore de beaucoup de soutien, mais qui a certainement devant lui un avenir prometteur.

Nous poursuivons nos chemins dans une reconstruction positive et sereine.

Je formule le vœu que ce témoignage puisse aider les personnes qui en auraient besoin.

Accepter, ce n'est pas se résigner, c'est faire au mieux avec une situation donnée, se tourner vers la lumière, faire en sorte que chaque jour soit beau et que demain soit encore meilleur.

Fin

Postface

Nous tenons à remercier François, moi, et tous nos proches :

- L'hôpital Saint Louis de Paris, le service coquelicots 3, le service de réanimation, et tout le personnel soignant qui a eu en charge François, le docteur Lethiers qui va superviser jusqu'à la fin la santé de mon fils.
- L'hôpital de Pontoise, le service pédiatrique et médecine de l'adolescent, l'hôpital de jour, tous les services qui ont en charge François, le service neurologie avec le Professeur Tournesol, le service orthopédie, Le service IRM, le docteur Héda et toute son équipe, qui vont encore suivre François.
- La Clinique Sainte-Marie d'Osny, le service de radiothérapie si aimable.
- L'hôpital Necker, le service de réanimation pédiatrique, autant compétent qu'attentionné
- Le Service des urgences de l'hôpital de Pontoise, avec le médecin senior présent le 23octobre 2006, qui a fait le bon diagnostic à 9heures du matin. Le SMUR avec ses équipes compétentes et humaines.
- Santé Service, l'hôpital à domicile, avec tous les intervenants qui ont soignés mon fils, et m'ont soutenue.
- Le lycée Kastler de Cergy, le médecin scolaire d'un soutien sans faille, tous les enseignants qui sont allés au-delà de leur mission.

- L'orthophoniste qui s'est déplacé à la maison, docteur Emmanuel
- Le kinésithérapeute Hubert qui a suivi François à la maison
- Le docteur Fifi, médecin généraliste qui a toujours été présent, efficace, optimiste, et plein d'humour.

Table des matières

Achevé d'imprimer en France
Protection IDDN